二人のウラジーミル

レーニンとプーチン

伴野文夫

藤原書店

はじめに　11

第一部　レーニンとは何者か？
　――帝政ロシアの「田舎者」が世界革命の指導者になるまで　19

序章　最後の苦闘――脳障害の発作で死にいたる　21
1　プロレタリア独裁論の失敗　21
2　レーニンの死――脳発作との壮絶な闘いの日々　24
3　葬儀――はやくも権力闘争をリードするスターリン　29

第一章　地方都市から世界革命の大舞台へ　30
1　皇帝暗殺を企てた実兄の絞首刑への怨念　30
2　ウリヤーノフ家の二つの悲劇　33
3　ベラルーシ出身の画家シャガールが描いた〝逆立ちするレーニン〟　34
4　生涯の伴侶クループスカヤとの出会い　38

第二章　革命の表舞台に登場　41

1　ロシア・マルクス主義の大立者プレハーノフ訪問　41
2　トロツキーとスターリンの登場　46
3　著書『何をなすべきか』——前衛党は労働者を先導する　48
4　「血の日曜日」の大虐殺からはじまった革命の時代　49
5　第二インターを主導するドイツ社会民主党　51
6　ローザ・ルクセンブルク、ロシア革命の未熟を批判　55

第三章　革命前夜——二月革命で帝政崩壊　59

1　第一次世界大戦勃発、レーニンとローザの決裂　59
2　堅物レーニンに第二の女性——クループスカヤの理解　61
3　『帝国主義』の出版　64
4　チェコ出身のドイツ社会主義者カウツキーの修正主義　67
5　一九一七年、革命前夜のロシア　71
6　二月革命による臨時政府樹立で帝政消滅、ケレンスキーは法相で入閣　73

第四章　世界初の社会主義政権成立——十月革命　75

1　二月革命の急進展にチューリッヒのレーニンもビックリ仰天　75

2　レーニンの帰国は敵国ドイツ仕立ての「封印列車」　77
3　すべての権力を農民のソヴィエトへ　79
4　メンシェヴィキのトロツキーがレーニンを全面支持　81
5　五月の連立改造内閣成立から十月革命の勝利まで　83
6　レーニンが政権掌握、ケレンスキーはフランスに逃亡　87

第五章　内戦の勝利、飢餓とＮＥＰ、レーニンの第三インター結成　88

1　旧権力機構の全面解体――全ロシア・ソヴィエトが決定　88
2　待望の制憲議会で多数派獲得に失敗――レーニン、議会解体を指令　89
3　内戦時代へ――日本を含む諸外国の武力干渉　93
4　飢える国民――食糧徴発に農民反乱　97
5　大産業の国有化とＮＥＰによる中小企業の自由化　99

第二部　徹底解剖・レーニン主義　103

第一章　「マルクス・レーニン主義」という思想はありえない　105

1　マルクスとレーニンは水と油　105

2 「マルクスは国有化経済を考えたことはない」 106
3 マルクスのコミュニズムは〝搾取なきアソシエーション（協同体）〟 108
4 フランス思想界は一九九〇年代の早い段階から
レーニンの誤りを批判しはじめた 109
5 マルクスとプルードン――独仏の大物思想家の激突 112
6 プルードンはなぜマルクスほど注目されないのか 115
7 エンゲルスの国家死滅論 118
第二章 マルクスはアソシエーション（協同体）実現の道筋は語らずに
『資本論』の仕上げに没頭した 120
1 マルクスは『資本論』第一巻を完成、剰余価値論を仕上げる 120
2 レーニンの死後スターリンは全権掌握、
マルクス・レーニン主義という偽りの看板をかかげた 122
3 レーニンの第三インター成立と挫折 124
第三章 レーニン革命の戦略の書『国家と革命』徹底解剖
――プロレタリア独裁は死滅する国家に替われるか 129
1 第一章「階級社会と国家」 129

2 第二章「一八四八―一八五一年の経験」 132
3 第三章「一八七一年のパリ・コミューンの経験。マルクスの分析」 137
4 第四章「エンゲルスの補足的な説明」 138
5 第四章の四「エルフルト綱領の批判」 140
6 第五章「国家死滅の経済的基礎」 142
7 第六章「日和見主義者によるマルクス主義の卑俗化」 152
8 第七章「一九〇五年と一九一七年のロシア革命の経験」 157
〈第三章・付〉失敗の根源・プロレタリア独裁論のからくりをドイツ語と英語テキストにより検証する 158

まとめ――レーニン革命とは何だったのか 163

1 レーニン独特のプロレタリア独裁 165
2 フランスの革命的伝統への憧れと強烈なコンプレックス 166
3 スターリンによるレーニン主義の継承――レーニン死後 170
4 「クレムリンの長女」フランス共産党の盛衰 173

レーニンよ、さらば――そして、これから　181

第一章　レーニン主義崩壊のあと残るのはリベラルな資本主義だけ、という過ち　183
1　間違っていたのはマルクスではない、レーニンだ　183
2　ミラノヴィッチはF・フクヤマと同じ過ちを繰り返す　186
第二章　レーニンはなぜ西欧資本主義を倒せなかったか　189
1　硬直した暴力革命主義と、柔軟で逃げ足早い資本主義　189
2　資本主義と社会主義に勝ち負けの関係はなくなる　192
3　『共産党宣言』ではなく『コミュニスト宣言』と書く理由　193
4　日本の政治はイデオロギーを語らずに分配を競うだけ　195
第三章　日本におけるマルクス再評価――斎藤幸平の画期的登場　197
第四章　トマ・ピケティは企業経営権の労使共有を提言――労働を商品化から解き放つ　199

本書をしめくくるための最終章
——ベストセラー『人新世』の読者が本もののマルクスを知った　204

むすびのことば　211
後　記　212
関連年表（1870-1991）　213
主要人物一覧　221
用語解説　227
参考文献　230

二人のウラジーミル

レーニンとプーチン

はじめに

二〇二四年一月二十一日は、レーニンが五十三歳で早逝してからちょうど百年にあたる年だ。一九九一年、旧ソヴィエト連邦の崩壊・消滅で、レーニンのプロレタリア革命が失敗であったことは歴史的事実になった。しかしレーニンの革命理論のどこが間違っていたのか、その理論的な解明は、なぜか世界的にほとんど行われていない。

この機会に「レーニンの失敗の本質」を徹底的に追及する必要がある。レーニンの革命理論の誤りを解明しなければならないというと、多くの人はソ連邦の崩壊を招いたのはレーニンではなくてスターリンではないかという。

たしかにスターリンの暴政は、ヨーロッパを焼け野原にしたヒトラーのナチズムと大差ない恐怖の独裁だった。しかしスターリンの独裁は、レーニンが提唱したプロレタリア独裁の延長線上にあるのだ。プロレタリア独裁路線をつくり出した言い出しっぺのレーニンを追及せずに、いかなる視点からみても当たり前のスターリン批判で事を終わらせるというのは納得できない。

レーニンはもう昔話じゃないですか。レーニンの失敗の解明なんて、もはや世間の関心を引きつけることはないですよという人もいる。そんなことはない。プーチンの言語道断の隣国に対する武力侵略は、まさに歴史的な大ロシア主義から生まれたものであり、レーニンとプーチンという〝二人のウラジーミル〟には、名前だけではない多くの共通点があるのだ。

二〇二四年三月、大統領選挙を前に、プーチン批判を貫く反体制指導者アレクセイ・ナワリヌイを獄中死に追い込んだ。政敵や反体制ジャーナリストを、次々獄死させたり処刑する残忍な手口は、退位後に平和な隠遁生活を送っていたニコライ二世の一家七人を、逃亡の恐れありとして銃殺を命じたレーニンの非道を想起させる。

ベルリンの壁崩壊を現地で観察したプーチンは、レーニン主義崩壊後の拠りどころをロシア正教に求め、大ロシア主義のキリル大主教と固く結びあってウクライナ侵略戦争を遂行している（『朝日新聞』「日曜に想う」二〇二三・一二・二四　郷富佐子、「天声人語」担当論説委員）。

レーニン主義の残滓は現代もいたるところに存在する。

フランスでは戦後一九四五年の総選挙で第一党の得票を記録したレーニン主義の共産党は、近年退潮傾向が止まらず、二〇一九年、自ら解体を宣言したが、ゼネスト主義の労働組合

CGT（労働総同盟）に、レーニンの暴力主義を信奉する極左分子が居残った。彼らはシャンゼリゼ大通りで、鉄棒を振りまわし放火を行う行為を繰り返し、治安部隊との激しい街頭闘争をいまだに止めようとしない。

レーニンの後継者スターリンは、一九二八年にマルクス・レーニン主義の旗を高く掲げて、国有化・計画経済を開始した。以後全世界はソヴィエト社会主義共和国連邦をマルクス主義の国と信じた。一九九一年、ソ連邦が崩壊したとき、大方の論客はマルクス主義の失敗とみなし、これでマルクス主義は終わったと論じた。世界的に民衆レベルもその考えを受けいれマルクス主義に見切りをつけた。

しかしフランスの思想界は、九〇年代の早いうちからレーニン批判を開始した。革命の過程で、民主的な手続きで選ばれた制憲議会を解散に追い込み、逆らうものを強制収容所に送り込んだレーニンを、民主主義を否定する独裁者として糾弾した。

現代思想界の巨人、ジャック・アタリは「間違っていたのはマルクスではなくレーニンだ」と断言し、マルクスを正当に評価する大著『世界精神マルクス』を著した。マルクスの名をかたって、七〇年間世界を揺るがした主導者、レーニンのそれまでとは異なる姿が浮かびあがってきた。

一八四八年に出版されたマルクスとエンゲルス共著の『コミュニスト宣言』は、冒頭、「ヨーロッパに幽霊がでる——共産主義という幽霊である。ふるいヨーロッパのすべての強国は、この幽霊を退治しようとして神聖な同盟を結んでいる」（岩波文庫『共産党宣言』）という文章ではじまる。（本書一九三—四頁で述べたように、私は「共産主義」「共産党宣言」は原則として使用しない。）

それから七〇年ほどたった一九一七年、レーニンは目指す社会主義革命を成し遂げたが、革命からわずか六年後に、持病の心臓病が重症化し、五十三歳九ヶ月の短い生涯を終えた。

その死から百年、ちょうど一世紀をへた今日、レーニンの亡霊はいまだに世界のあちこちに現われ、さ迷っている。最悪の実例であるプーチンのウクライナへの侵略戦争（二〇二二年）では、民間施設への非人道的な無差別攻撃を執拗に繰り返している。

日本も例外ではない。日本の思想界のマルクスとレーニンの仕分けはめちゃくちゃだ。多くの著者が左翼論を論じているが、レーニンにはなぜか触れようとしない。われわれのすぐ目の前をさ迷うウラジーミルの亡霊に、日本人はだれも気がついていないようだ。

レーニン主義の看板を捨てたはずの日本共産党の志位和夫委員長は、民主的な党首選挙を行わずに二三年も委員長の座に居座り続けた。二〇二四年一月、党大会でようやく田村智子政策委員長を委員長に選任して退任したが、初の女性委員長選任という見所はあるにしても、志位は委員長より格上の議長に就任して院政体制を敷いた。田村新委員長がどこまで新機軸を打ち出せるか、見通しは開かれていない。

二〇二三年一月、『シン・日本共産党宣言』（文春新書）を刊行したヒラ党員松竹伸幸が、党首公選を要求して立候補を表明した。共産党は著者松竹を、レーニン主義ルールの「民主集中制」に反するものとして除名処分にした。民主集中制は、一般社会では通用しないレーニン主義の独裁的なルールだ。

共産党が強く主張する野党共闘の成立がむずかしいのは、レーニン主義批判の理論的な裏付けなしに、当面の思惑や好き嫌いで事を運ぼうとしているからだ。「連合」の書記長は共産党が大嫌いらしいが、ここでも共産党のレーニン主義を批判する理論的な発言をきいたことがない。革新派政党の混迷だけではない。保守政党の戦略にも大いに関係がある。

岸田文雄総理は「新しい資本主義」を提唱しているが、子供だましの議論をしているだけで、視野の狭い国会操縦術に明け暮れているのはなぜか。格差を生む資本主義の搾取のメカニズムを解明したマルクスを語らずに、新しい資本主義をつくり出すことはできない。保守の政治もマルクスを理解しなければ前進できないのである。

このところ自由民主党は、政治資金の不正な流用が発覚し、腐敗の温床である派閥の解消が焦点になってきた。最大派閥の安倍派と二階派には派閥を形成する政策の軸が見られない。憲法改正と北方四島返還という看板を掲げているが、安倍最長政権はいずれのテーマでもわずかな前進すら実現できなかった。看板の陰で彼らが熱心に取り組んでいたのは、利権で稼ぐ黒い資金集めだったことが明らかになってきた。

野党の側もこの絶好のチャンスに効果的な主張を展開して、支持率を増やすことができずにもたついている。日ごろから新しい社会主義を論ずるイデオロギー活動を怠っている結果である。

冒頭で述べたように、一九九一年の旧ソ連の崩壊で、レーニンのロシア共産主義が失敗に終わったことは自明の歴史的事実になった。太平洋戦争における日本軍部の失敗が自明のこととされ、その「失敗の本質」が語られているのと同じ話である。

スターリンの像は世界中で引き倒されたのに、レーニンの遺体は、いまだにクレムリン宮殿の壁に寄り添うように建つレーニン廟で、崇拝するロシア国民や観光客に見守られ静かに横たわっている。

スターリンの暴政の陰に隠れて、レーニンの本当の姿が見えにくくなっているのは確かであるが、レーニン主義の誤謬は、悪のスターリン主義を超え、現在もいたるところで汚染水となってしみ出し、害悪をたれ流している。

ヨーロッパ中央の、資本主義がもっとも発達した国で起こるはずだったコミュニスト革命が、なぜもっとも遅れた皇帝と農奴の国ロシアで発生したのか。マルクス主義の旗を高く掲げて、七〇年にわたって世界を二分する勢力を築きながら、最後に燃え尽きたレーニン主義とは何であったのか。

本書はまず世界ではじめての社会主義革命で輝かしい勝利をおさめたレーニンが、心臓の発作に苦しみながら、六年間、死に至るまで闘い続けた壮絶な記録からはじまる。つづいて西欧化したかつての首都ペトログラードからはるか東方のモスクワ、そこからさらに九〇キロ東の地方都市で生まれた「田舎者」レーニンが、世界革命の指導者に成長するまでの波乱に満ちた生涯を描く。後半の理論分析ではレーニン革命の戦略の書『国家と革命』を徹底的に解剖し、プロレタリア独裁という誤りにのめりこんだレーニン主義の軌跡を追う。

日本では自民・公明の与党連合の過半数獲得が常態化し、与野党が戦略論争を闘う場面が消え去り、国民の政治への関心も失われつつある。最近、左翼はもう立ち直ることはできないのではないかという悲観論がしきりである。

レーニンが犯した「失敗の本質」を解明することは、資本主義と社会主義を論議するうえで、欠かすことのできない要《かなめ》の課題である。レーニンの失敗を素通りしては、保革を問わず、いかなる改革思想も前進することは出来ないのだ。

マルクスとレーニンを混同する「ウラジーミルの呪縛」から解放されると、目から鱗とはこのことか、現代社会科学の多くの難問を驚くほどたやすく解決することができる。

第一部　レーニンとは何者か？
――帝政ロシアの「田舎者」が世界革命の指導者になるまで

序章　最後の苦闘——脳障害の発作で死にいたる

1　プロレタリア独裁論の失敗

レーニンは世界ではじめての社会主義革命を成し遂げた「偉大な」革命家であることに間違いない。しかしその失敗は、旧ソ連邦の崩壊で自明の歴史的事実になった。

『失敗の本質——日本軍の組織論的研究』（戸部良一他、中公文庫、一九九一年）という本が書店の店頭に並んでいる。あの戦争は失敗ではなかったと抗議するものは誰もいない。軍部の独走による勝てるはずのない戦争の開始は、誤れる戦略による戦死者、戦没者が三〇〇万人を大きく超え、少なからぬ国土を失う亡国の事態を生ずる結果になった。失敗といわれることに反論する余地はまったくないのである。

レーニンの革命は、社会主義国家の崩壊消滅という想定外の事態で終わった。日本軍国主義の失敗と同じように、ロシア革命の失敗も歴史的事実として証明されたのである。

スターリンは、早逝したレーニンの後を継ぎ、マルクス・レーニン主義の看板を高く掲げ全産業の国有化政策を推進し、一時はアメリカとともに覇権国家として並び立つ頂点に到達した。レーニン革命の歴史は革命成立から七〇年に及んだ。

日本軍部が主導した大東亜共栄圏は、欧米帝国主義からのアジアの解放を大義に掲げながら、実態は欧米帝国主義をなぞった侵略行為であり、お粗末な戦略戦術の組み立てもあって、たった四年で壊滅した。

結果は同じ誤りだったとはいえ、レーニンには搾取されるプロレタリアを解放するという大義があった。日本軍部の失敗とはまったく異なるところである。

マルクスは、共産主義は全産業の国有化経済だと主張したことはなかった。レーニンがマルクスの名前を使って、プロレタリア独裁と国有化経済を独自に理論化し誤りをおかしたのである。

日本でもマルクス再評価は、早くから廣松渉や柄谷行人によって進められてきたし、二〇二二年には斎藤幸平の『人新世の「資本論」』（集英社新書）がベストセラーになってマルクス再評価の新しい展望が開かれた。

多くの社会主義論が出版されているが、不思議なことに社会主義思想混乱の要因であるレーニンの失敗の理論的な解明は進んでいない。

持病の脳障害による最初の発作が、疲れ切ったレーニンを襲ったのは、一九二二年、レーニンが働き盛りであるはずの五十二歳の時だった。

多くの人が、レーニンの父親、イリヤ・ニコラーエヴィチ・ウリヤーノフが脳梗塞の発作により五十五歳で早逝したことを思い出すことだろう。五十二歳の革命家に迫る早すぎる死の足音は、世界を揺るがした革命家の宿命であったようだ。

レーニンの死に至る苦闘の記録は、フランスのコミュニズム研究の第一人者、ステファーヌ・クルトアが、ソ連崩壊後徐々に公開されている資料を使用した著書（『全体主義の主導者レーニン』PERRIN、二〇一七年、未邦訳）が詳しい。また同じくフランスのソ連史の権威、エレーヌ・カレール＝ダンコースの名著『レーニンとは何だったか』（邦訳、藤原書店、二〇〇六年）も大いに参考にした。カレール＝ダンコース女史は、筆者が本書執筆中の二〇二三年八月五日、高齢により死去した。

2　レーニンの死——脳発作との壮絶な闘いの日々

一九二二年、最後の激しい脳の発作がレーニンを襲ったのは、五月二十五日から二十六日にかけての夜のことだった。発作によって右脳が麻痺し、話すことができなくなったレーニンはすっかり弱気になり、スターリンに自殺用の毒薬を用意するよう求めたという。

しかし思考力に障害はなく、この時期にも独裁体制強化のさまざまな強硬策を断行している。その最たるものが独裁政治に批判的な知識人への思想統制であり、情け容赦ない弾圧政策だった。

六月六日、反革命の知識人を逮捕するためのブラックリストを作成する委員会が設置された。発作からの回復もままならぬレーニンは、スターリンに対して、リスト作成の作業が遅れていることに不満を述べ、エスエルやメンシェヴィキ系の政治学者、科学者、作家、技術者を、容赦することなく逮捕し、ロシア全土を浄化しなければならないと厳しい注文を突きつけた。

八月には、反革命分子を強制収容所に送るか、国外追放にする政令が発布され、最初のグループとして、著名な学者をふくむ一六〇人が捕えられた。

これより以前、一九二二年四月、レーニンは実務的な能力を高く評価して、スターリンを党の書記長に指名した。スターリンはレーニンが病魔にとらわれたままならぬ状況のなかで、絶大な権限を与えられたのである。

この時期、やがて発足するソヴィエト社会主義共和国連邦の憲法作成の作業が大詰めを迎え、連邦に加わる民族共和国に認められるステータスをどのように書きこむかが大きな課題になっていた。憲法草案はスターリンによって起草され、共和国ごとに様々な事情があるなかで、大方は連邦支配下の共和国として加盟し、自治権を認められることで合意が成立した。

しかしウクライナと、スターリンの出身地グルジア（ジョージア）は自立心が旺盛な土地柄で紛糾が発生した。ウクライナについてはレーニンも介入し、自治権の締めつけをいくらか緩めることで交渉が成立した。

グルジアはザカフカス共和国の一部を構成するものとして間接的な主権しか認められなかった。そのため独立強硬派の強い反発を引き起こし、強い統制を求める中央のスターリンと激しく対立した。ここでもレーニンが介入し、二二年九月、最終的には妥協が成立したが、その過程でレーニンとスターリンは激しく対立する場面が何度かあった。

二二年の五月に発作に見舞われた疲労もあってか、この頃レーニンは焦り気味で、「スターリンのやり方は性急に過ぎる」と不満を口にするようになった。スターリンに対する絶大な信頼にほころびが見えはじめたのだ。

度々医師団からの警告を受けながら活動を止めることのなかったレーニンは、一九二二年七月にいくらか病状が持ち直したため、十月二日、クレムリンに戻ってきた。レーニンは四日、党政治局委員会ソヴナルコムの議長をつとめ、六日には党中央委員会に出席した。しかしレーニンは細かいことでいらだち、怒りっぽくなっていたという。

十一月十三日には、コミンテルン第四回大会の開会行事に、医師団の反対を押し切って出席し、生涯最後となる演説を行った。しかし同月二十四日から十二月二日までの十日間に五回の脳発作に襲われ、その後は厳しい行動制限のもとに置かれることになった。

党中央委員会で、レーニンとスターリンら幹部との間で、もう一つ大きなもめごとが発生した。対外貿易を拡大するため自由化をすすめるべきだとするスターリンらの提案に対して、レーニンは国外から資本主義が侵入する道を開く危険があるという理由で猛反対したのである。スターリンらは病状の悪化でレーニンがいなくなった隙に、自由化を取り込む決定を行った。

十二月十三日、レーニンはこれまでになかった激しい発作に襲われた。レーニンは秘書のリディア・フォチエヴァに三通のメモを書きとらせた。そのうちの一通は対外貿易自由化問題を取りあげ、ソヴィエトは最大限に経済自給体制を強化し、資本主義からの汚染の侵入を防がなければならないと強く主張したものだった。

同月十六日、レーニンはまたも激しい脳の発作に襲われ、一時的に麻痺状態に陥った。発作から立ち直ったレーニンは、スターリンを呼び入れ二時間話し合った。スターリンは気配りをしたようで、レーニンの意見を受けいれ、党中央は貿易自由化への決定を取り消した。レーニンは安堵し、しばらくの間落ち着いた。

十二月二十二日から二十三日にかけて、新たな発作が発生し、レーニンは激しい衰弱で寝たきりになり、ものを書くことができなくなった。しばらくして気力を取り戻すとメモを書き取ることを求め、「四分間」のメッセージを口にした。のちにこの文章は「党大会への書簡」とタイトルをつけ、遺言として扱われることになる。

翌日レーニンはふたたびメモの書き取りを求め、後継者としてのスターリンとトロツキーについて思いを述べた。まず「同志スターリン」について、「書記長の任につき絶大な権力を握っているが、私は彼がつねに慎重な判断を下せるのかどうか確信が持てない」と語った。「同志トロツキー」については、「党中央委員会で、おそらくもっとも能力のある人物だ。しかしトロツキーはものごとを支配することに過度にこだわる欠点がある」と口述した。

レーニンは熟慮を重ねたうえで、一九二三年一月四日、あらためて新たな口述を行った。「スターリンはあまりにも粗暴だ。この欠点はわれわれ仲間うちでは我慢できるが、書記長の立場では許されるものではない。私は同志諸兄に、スターリンを解任して替わりの人物を任命することを提案する。それは、同志の仲間に対し、より寛容で、より誠実で、より洗練され、

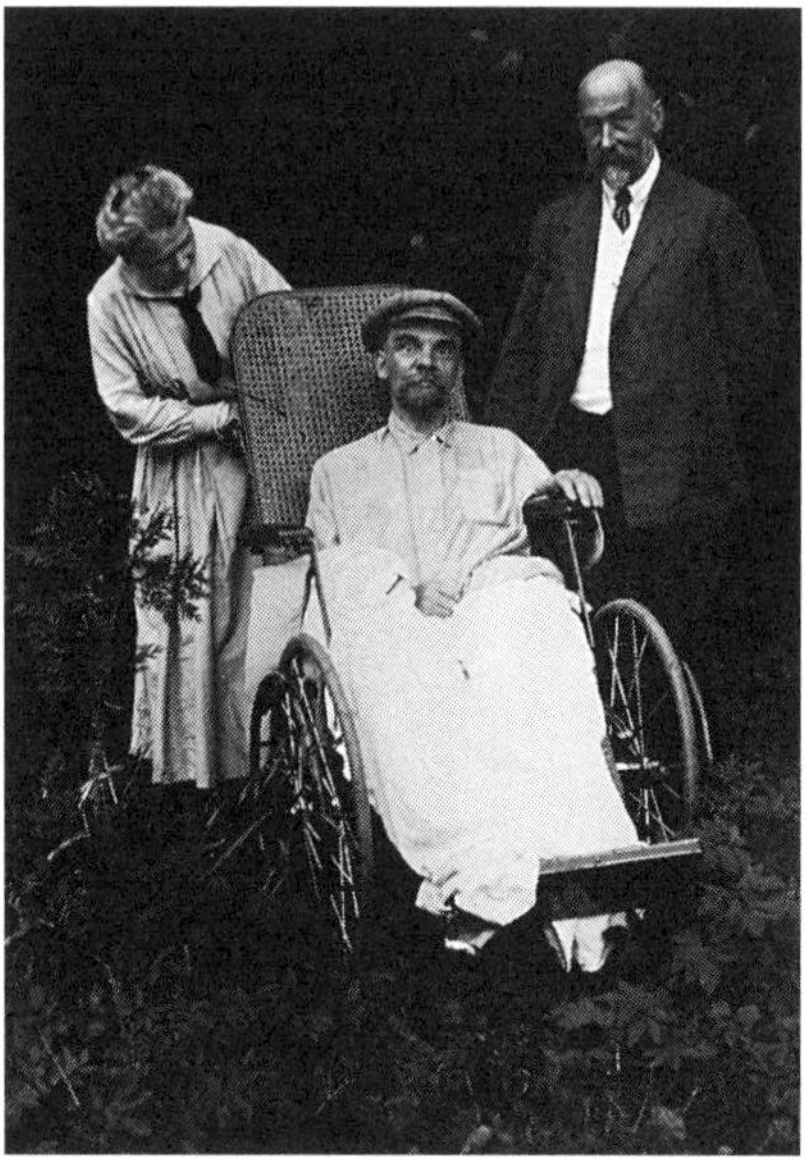

1923年夏、53歳のレーニン

より気遣いのある人物であることが肝要である。」

スターリンの役割を否定する決定的な発言だったが、替わる人物についての指名はなかった。文書は極秘扱いにされたが、スターリンは抜け目なく手に入れ対応した。

レーニンが無力状態に陥っているなかで、クループスカヤはスターリンを激しく叱責したという。一九二三年三月五日、レーニンは、スターリンにあてた、人間的関係を断つと述べた怒りの手紙を口述した。

翌日、レーニンはこれまでにない最悪の激しい発作に襲われ、完全に活動を停止した。二ヶ月の治療をへて、レーニンはクレムリンから近郊の保養地ゴーリキー村に移され、その後、一切の動静は報告されることはなかった。

一〇ヶ月ほどの沈黙のあと、一九二四年一月二十一日、レーニンの死が告げられた。世界革命を目指したレーニンこと、ウラジーミル・イリイッチ・ウリヤーノフは、妻ナジェージダ・

クループスカヤに看取られながら、五十三歳と九ヶ月二十五日の波乱に満ちた生涯を終えた。一九九一年のソ連崩壊後、公表された写真を見ると、死をまじかにしたレーニンは車椅子にのせられ、九十歳の老人かと思わせるほど痩せこけた姿だった。

3 葬儀――はやくも権力闘争をリードするスターリン

レーニンの葬儀は死の六日後、一月二十七日にクレムリンの赤の広場で行われた。敬愛する指導者の柩を担ったのは、スターリン、ジノヴィエフ、カーメネフ、ブハーリン、モロトフ、トムスキー、ロゾータク、ゼルジンスキーの八人だった。

トロツキーはスターリンの陰険な妨害工作で参加することができなかった。後継者権力闘争で、スターリンはすでにしっかりと先行していたのである。

レーニンの遺体は、信奉者たちの提案によって、その偉大さを永遠に讃えるため、化学処理をほどこして保存され、公開されることになった。遺体を安置する霊廟はクレムリンの壁沿いに建設されることが決まり、極寒のなか凍てつく氷を砕いて工事は急速に進められた。

旧ソ連邦崩壊後、ほとんどすべてのレーニン像とスターリン像は破壊されたが、クレムリンのレーニン廟はこんにちまでそのまま残され、剣先がついた銃をもった衛兵に護られている。

第一章　地方都市から世界革命の大舞台へ

1　皇帝暗殺を企てた実兄の絞首刑への怨念

レーニンの本名はウラジーミル・イリイッチ・ウリヤーノフだ。一八七〇年四月十日、モスクワの東九〇〇キロのヴォルガ川河畔にある町シンビルスクで生まれた。ウリヤーノフ家の八人の子の三番目だった。父親は町の教育関係の役職につく要人で、生活に不自由することのない、田舎町のやや上流の家庭だった。

レーニンという名前は、のちにシベリアに流刑された時、近くを流れるレナ川にちなんでつけられたもので、ウリヤーノフはいくつかのペンネームを使っていたが、流刑が終わる最後に書いた評判の論文「ロシア社会民主主義の責務」にレーニンと署名したのをきっかけに、一九〇一年以後、この名前を生涯使うことになった。

レーニンの血筋は多民族国家ロシアのつねとしてきわめて複雑だ。フランスのロシア革命史の最高権威、エレーヌ・カレール＝ダンコースのレーニン伝によると、父親のイリヤ・ニコラーエヴィチ・ウリヤーノフはロシア人だったが、その母親、つまりレーニンの父方の祖母はモンゴル系のカルムイク人で、元々は仏教徒だった。

ウリヤーノフ一家。最前列右端がレーニン。1879年

カレール＝ダンコースは、レーニンの風貌は父親に似て目が切れ長で、アジア的なのはそのせいだと書いている。長年、写真を見ていてレーニンの顔がアジア的と感じたことはなかったが、フランス人の目からするとそういうことになるのだろう。

血筋をさらに複雑にしているのは、父親イリヤが結婚したマリア・アレクサンドロヴナ・ブランクの父親、レーニンの母方の祖父がユダヤ人とスウェーデン女性との混血であることだ。レーニンにユダヤの血が入っているという話は、この事実によるものである。

ユダヤ人の血を引く祖父アレクサンドル・ブランクは、早くからロシア正教に改宗しており、改宗者には寛大なロシア社会から問題なく受け入れられていた。アレクサンドルは、裕福なドイツ人地主の娘、アンナと結婚することになるが、この二人の間に生まれたのが前出の父親イリヤの妻マリアであり、ウラジーミルの母親である。

血筋、宗教ともにきわめて複雑な家庭であるが、父親は医学と数学の教育資格を持ち、母親も独仏両語を使いこなすうえピアノも達者で、ウリヤーノフ家はシンビルスクの町の貴族の称号も取得していた。

ウラジーミルは学校の成績も抜群だったが、中学校の校長はフョードル・ケレンスキーという町の教育界の有力者だった。その息子アレクサンドル・フョードルヴィチ・ケレンスキーは、二五年ほど後にロシア政府の首相にまで登りつめるが、奇しくも一九一七年レーニンが主導するロシア革命で、二人は正面から激突することになる。

東方の田舎町シンビルスクに生まれた二人の英才が、世界を揺るがしたロシア革命で対決することになるとは、歴史のいたずらとしか言いようのない巡り会わせである。

一八九二年、ウラジーミルは当時の最高学府サンクトペテルブルグ大学に入り優秀な成績をおさめ、卒業とともに二十二歳で弁護士の資格を獲得した。

2　ウリヤーノフ家の二つの悲劇

平和に暮らすウリヤーノフ家を最初の悲劇が襲ったのは、ウラジーミルがまだ十六歳だった一八八六年のことだった。父親のイリヤが突然脳出血で倒れ、五十五歳の若さでこの世を去ったのである。町の実力者だった父親を失って動揺する未熟なウラジーミルを、翌八七年さらに大きな悲劇が襲った。

当時は一八五五年に即位したアレクサンドル二世の時代で、この皇帝は六一年に農奴解放令を発した開明派であったが、八一年三月十三日ポーランドのテロリストが投じた爆弾で暗殺された。つづいて後を継いだアレクサンドル三世の命を狙ったテロリスト・グループが検挙された。

ウラジーミルの長兄アレクサンドルがその首謀者の一人として逮捕された。二十歳のアレクサンドルはサンクトペテルブルグ大学理科学部の優秀な学生だったが、農奴を苦しめる帝政を批判する仲間と深くかかわりあっていた。

ウラジーミルはこの兄を尊敬し、心から慕っていた。兄の持っていた本を読みあさり、政治問題について大いに議論を交わし学んでいた。兄の書棚にはロシア語で翻訳出版されたばかりのマルクスの『資本論』第一巻もあったという。

グループは皇帝暗殺決行の日取りまで決め、宣言文をつくっていたが、兄アレクサンドルはその起草者の一人に名を連ねていた。当局の審問はきわめて厳しく、十五人の逮捕者のうち十人に死刑の判決が下った。そのうち何人かは改悛の情を示し減刑されたが、アレクサンドルは一切の妥協を拒み、母親マリアの必死の助命嘆願にもかかわらず、改悛を拒んだ仲間とともに絞首刑に処せられた。

ウラジーミルの悲しみと怒りは想像を絶するものであったに違いない。彼自身はなにも書き残していないが、のちに姉のアンナはウラジーミルが革命家を決意したのは兄の処刑で受けた衝撃が決定的なものだったと書いている。ウラジーミルは以後過激な革命運動にのめりこんでいくことになる。

3　ベラルーシ出身の画家シャガールが描いた〝逆立ちするレーニン〟

ウラジーミルは小柄で、あまり魅力的ではない風貌であったようだ。カレール＝ダンコースによると、年の割に老けて見え、二十五歳のころ四十歳近くに見られていた。小柄かつ痩身で、

シャガール《革命》1937年

若禿のため額が広く、赤毛のあごひげは色あせていた。アジア人カルムイクの祖母から受け継いだ目つきは、人を狼狽させるほど執拗で、「狼の目」と評するものもいた。

見かけの問題だけでなく、ウラジーミルが書く論評は辛辣で非妥協的であり、仲間うちでは、ロシアの未来を憂うることより、激しい論争そのものを好んで求めるものであったと評されていた。

幻想的な画風で知られるマルク・シャガールに、レーニンを描いた絵がある。しかもレーニンが軽業師のように片手で逆立ちし、見物する労働者たちから囃したてられている風景だ。横長のカンバスの中央の四角いテーブルの上で、レーニンが右腕一本で逆立ちしている。左から正面上部に大勢の労働者風の群衆がいて、沢山の赤旗を掲げて見物している。右側には少数の人間しか描かれていないが、革命に賛同しない人たちなのだろうか。逆立ちのレーニンはその人々に何かを訴えているように見える。逆立ちに使わない左手を差しのばす先には大きな赤旗が一本空中に飛んでいる。そして天井に伸びたレーニンの足の先はロシアの国旗で覆われている。

私がこの絵を見たのは、一九七三年の春（七二年秋？）、パリで開かれたシャガール展だった。聖書の物語を描いた連作を見に行ったのであるが、そのなかにポツンと展示されているレーニンの逆立ち画に驚いて、長い間立ち止まることになった。

この絵が描かれたのは一九三六年とされている。一九三六年は、レーニンが早逝した一九二四年から十二年後、マルクス・レーニン主義の看板を掲げた第一次産業国有化計画が大成功をおさめ、予定より一年早く第二次計画を開始した頃である。どのような事情でこの絵が描かれたのか背景は不明である。

なぜ逆立ちなのか。レーニンの革命に対する痛烈な皮肉とみる向きが多いが、私はその見方はとらない。シャガール自身はロシア革命を批判するような発言は一度もしていないし、それどころか祖国ベラルーシの芸術活動では革命政府の支援をえて大きな役割をはたしている。

シャガールは二四年に二度目のパリへの移住をしたあと、ふたたび帰国しなかったが、シャガールは移住に政治的な理由はなく、もっぱら芸術上の理由によるものだとして、「魚が水を欲するように、わが芸術はパリを欲しているのだ」と語っている。私はこの絵はレーニンを揶揄したものではなく、シャガールらしいユーモアに溢れた愉快な作品だと思っている。

シャガールは一八八七年、帝政ロシアが支配するベラルーシの、リトアニアとの国境に近いユダヤ人の町ヴィテブスクで生まれた。少年時代は、絵画だけでなく詩や演劇などあらゆる芸術に手を出して活躍したが、一九一〇年、二十三歳のとき画家を志して出国しパリに住みついた。シャガールの幻想的な画風はすぐに評判になり、個展はいずれも高い評価を受けた。著名な詩人アポリネールも大いにシャガールを愛好した一人で、アトリエを訪ねて語り合ったほどだった。

シャガールはパリでの四年間の大成功を土産話に、一九一四年、いったん故郷に戻り、パリ行きの前から婚約していたベラと、ユダヤ教の儀式による結婚式を挙げた。豊かなユダヤ人商人の娘ベラは、モスクワで高い教養を身につけた才女で、シャガールより早く四四年に死去するまで、夫の創作活動を支える大きな力になった。

結婚したシャガールはすぐにパリに戻るはずであったが、第一次大戦の勃発で身動きが出来なくなり、ベラルーシに止まって創作を続け、つぎつぎ個展を開いてここでも高い評価を受けることになった。

一九一七年、十月革命で成立したボルシェヴィキ政権もシャガールを評価し、革命記念の展覧会ではシャガールに大きなホールを提供したほどだった。シャガールは、モスクワに移動して、レーニンの側近だったルナチャルスキーを訪ね、革命派の芸術活動に協力することを申し入れた。

ルナチャルスキーは直ちにシャガールを芸術人民委員に任命し、シャガールは故郷のヴィテブスク地方の文化芸術活動をすべて仕切る大役を与えられた。革命政府とシャガールの関係は常に良好で、シャガールがレーニン批判を絵にする理由は見当たらない。

シャガールの二度目のパリでの活躍は目覚ましく、バレエのディアギレフ、作曲のストラヴィンスキーとともに繰り広げられた、ロシア派の芸術活動はパリを圧倒する勢いだった。

4　生涯の伴侶クループスカヤとの出会い

女性にもてるタイプでもなく、もっぱら革命活動に没頭するウラジーミルに、女性関係の話はまったくなかったが、思わぬめぐり合わせで一人の女性と知り合い接近することになる。一八九五年、サンクトペテルブルグ時代の終わり頃にウラジーミルは自らの論文を掲載する非合法の新聞発行を計画したが、発売寸前に発覚して検挙され、印刷機材を含むすべての機材を没収された。

この頃、労働組合の教育活動に熱心に取り組んでいたナジェージダ・クループスカヤは、失意のウラジーミルと知り合い、しばしば行動を共にすることになった。ナジェージダはウラジーミルより数ヶ月年上の、とくに目立つところもない女性だった。父親は職業軍人の将校だったが、革命運動に共感し活動したため軍から追放され、追放からまもなく病に倒れ死亡した。父親の死を十四歳で迎えたナジェージダは、母親の手一つで育てられ、優秀な成績で学業を終えた。その後、父親の遺志を受け継ぐ形で、労働者の教育活動に生きがいを見つけることになった。

九六年、ウラジーミルは労働者を多数動員したストを扇動したとして、はじめて警察に逮捕された。ウラジーミルは獄中からも過激な文書を書いて送り続けたため、危険分子とみなされ、九七年二月、三年間のシベリア流刑を宣告された。

クループスカヤ
(1869-1939)

こんな時、大活躍するのが母親のマリアだ。マリアは恐れることなく警察署長にかけ合って、シベリアの住みよい街を流刑先に選ぶことを懇願して受け入れられた。マリアは費用も自分で支払って、ウラジーミルを警護なしの列車に乗せ、シベリアへ送り出したのだ。

ウラジーミルに続いて、ナジェージダも

ストライキを扇動したとして逮捕されシベリア送りを宣告された。今度はナジェージダは自分で警察に陳情し、流刑先でウラジーミルと結婚したいので、同じ場所に行かせてくれと頼んで了承された。ナジェージダは自分の母親エリザヴェータを連れてウラジーミルと合流した。以後この三人は終生一緒に暮らすことになり、流刑先とは思えぬ愛の物語が始まることになった。

ナジェージダの母親エリザヴェータは、亡夫の資産を受け継ぎおカネには不自由しなかったらしく、三人は生活費を心配することはなかった。レーニンは流刑後も、生涯にわたって、収入をあまり気にすることなく革命と著作に専念することができたのだという。

若い二人は、母親の求めを受け入れ、正教古式の儀式で結婚式をあげた。シベリアでの新婚生活はしごく快適なものとなり、レーニンにとって革命を忘れた二年間になった。

レーニンは政治活動では非妥協的な粘り強い闘争力を発揮したが、逆境のなかで時に疲れ果て、神経衰弱に落ち込むことがあった。そんな時ナジェージダはレーニンに休みを取らせ、献身的な看護で危機を救うことしばしばだった。ナジェージダの献身は、あらゆる場面で革命家レーニンに精神的な支えとなった。

レーニンは革命活動の場面で見せる冷酷な厳しさとは違って、クループスカヤ母子とは優しい愛情に満ちた関係だった。カレール＝ダンコースは、女性たちとの優しさの原点は、生家ウリヤーノフ家で母マリアと二人の姉妹に囲まれて大事に育てられた環境にあると語っている。

第二章　革命の表舞台に登場

1　ロシア・マルクス主義の大立者プレハーノフ訪問

二十世紀を迎える世紀末の帝政ロシアには、西欧からマルクス主義の潮流が押し寄せていた。『資本論』の第一巻がロシア語に翻訳されたのは一八七二年のことで、レーニンの青年時代はロシア・マルクス主義の形成期だった。

その流れを代表する人物がゲオルギー・プレハーノフである。二十五歳のウリヤーノフはシベリア流刑地に旅立つ二年前の一八九五年、生まれてはじめてロシアを出国してスイスに向かい、プレハーノフに面会を求めた。四十歳のプレハーノフはマルクス主義者であると同時に、

プレハーノフ
(1856-1918)

高い西欧的教養を身に付けた洗練された知識人だった。地方出身のウリヤーノフはこれとは対照的に、野暮なパッとしない風貌で、辛辣な論文を書く戦闘的な革命児だった。最初から二人は溶け合うことのできない何かを感じ合ったようだ。カレール＝ダンコースは、二人はともに力を合わせることを約束したものの、お互い感じた違和感は、その後の付き合いでも深まるばかりだったと書いている。

プレハーノフとの初会談のあと、ウリヤーノフは前述のように三年間のシベリア流刑を言い渡され、一年後に同じ刑を受けたナジェージダもシベリアに来て合流した。三年の刑期を終えたウリヤーノフは、執筆活動を再開したが、官憲の厳しい監視の目を逃れるため、一九〇〇年二月十一日、ロシアを離れドイツ経由でスイスに出国した。刑期が一年残っていたナジェージダは一人シベリアに残ることになった。

ウリヤーノフは流刑地で書き終えた「ロシア社会民主主義の責務」を、先に書いたように、一九〇一年、レーニンと署名してスイスで出版した。ロシア国外での著作を中心に活動することになったため、ペンネームを使って官憲の目をかわす必要がなくなり、正式にレーニンを名乗ることになったのである。

（本書でも、以後青年ウラジーミル・ウリヤーノフを、レーニンと記述することにする。）

レーニンは一九〇〇年の出国から、一九一七年のロシア革命勃発による帰国までの十七年間、一九〇五年から二年間の一時帰国を除いて、ほとんどロシアに戻ることなく、主としてスイスで著作に没頭しながら、国外から革命を指導する活動を行った。

レーニンは社会民主労働党のプロパガンダを推進するため、なによりも党機関紙『イスクラ（火花）』の発刊を実現したいと考えていた。そのためには大御所プレハーノフの了解をえる必要があり、五年ぶりに二度目の訪問をしてプレハーノフと面談をした。プレハーノフは自身が『イスクラ』の編集に責任を持ちたいと思っていたが、レーニンの勢いに押されて身を引くことになった。

レーニン署名の記事が何本も掲載された『イスクラ』創刊号は、一九〇〇年十二月二十一日に発行され、ロシアをはじめ各地に発送された。レーニンにとって『イスクラ』の発行は、革命を先導する前衛党設立への行動開始を意味するものであり、久しく夢見ていた闘争手段の確立だった。

Пролетаріи всѣхъ странъ, соединяйтесь!

ИСКРА

„Изъ искры возгорится пламя!"

Центральный Органъ Россійской Соціальдемократической Рабочей Партіи.

№ 1 ДЕКАБРЬ 1900 года. № 1

党機関紙『イスクラ』

ボルシェヴィキ（多数派）とメンシェヴィキ（少数派）の対決へ

レーニンとプレハーノフの革命観は基本的に対立するものだった。プレハーノフは労働者の立場に立ち、その生活水準の向上に重点を置いていたが、レーニンが目指すところは、革命によるブルジョア支配の打倒に向かって労働者の決起を組織することだった。レーニンはプレハーノフを経済主義者と呼んで批判し、両者の対立は『イスクラ』の編集や社会民主労働党の綱領作成をめぐって火花を散らすことになった。レーニンを中心とする革命派は次第に尖鋭化し、プレハーノフのグループを修正主義者、日和見主義者と呼んで糾弾するようになった。しかしレーニンの主張は過激すぎるとして離れていくものも少なくなかったので、事態は必ずしもレーニンに有利には運ばなかった。

レーニンとプレハーノフの最初の会談に同席したプレハーノフの腹心、ピョートル・ストルーヴェは、レーニンの恐ろしさは自分を鞭打つ能力と他人を鞭打つ能力が入り混じっているところで、その冷酷な政治的残酷さの源になっていると書き残している。

マルクス主義者たちの社会民主労働党は、一八九八年にミンスクで開かれた最初の大会に続いて、第二回大会を一九〇三年にロンドンで、さらに一九〇五年には第三回大会をロンドンとジュネーヴに分かれて開催した。ロシア・マルクス主義者は次第にプレハーノフの穏健な経済主義とレーニンの戦闘的な武闘派とに二分され、前者はメンシェヴィキ（少数派）、レーニンらの後者はボルシェヴィキ（多数派）と呼ばれた。レーニンはメンシェヴィキの日和見主義者は、マルクス主義を著しく歪曲するものとして徹底的に糾弾した。

レーニンの修正主義、あるいは日和見主義への攻撃はロシア国内だけにとどまらず、ドイツで活動する革命派とも激しく対立した。ドイツのマルクス主義の代表的な論客は、ローザ・ルクセンブルクとカール・カウツキーだった。

レーニンとドイツの革命派との対立は、のちに詳しく取り上げるが、東方の後進的なレーニン主義と先進西ヨーロッパの社会主義インターとの間の、妥協し難い思想的な激突に発展して行った。後世の国際共産主義運動を一貫して貫く両者の対決の起点として記憶しておく必要がある。

2　トロツキーとスターリンの登場

レーニンがボルシェヴィキのリーダーとして活躍していた早い時期に、のちの大もの指導者になる二人の活動家が姿を現した。トロツキーとスターリンだ。

まずトロツキー。一九〇二年、党大会を終わってロンドンを離れようとしていたレーニンのもとへ、レフ・ブロンシュタインと名乗る男が訪ねてきた。まもなくトロツキーと名乗ることになるこの男は、すでに何回か逮捕監禁された経験を持っていた。トロツキーという名前は、一つの監獄の看守の名前を頂戴したものだった。

トロツキーは党機関紙『イスクラ』の編集に興味を示したが、なにごともずばずばと勝手に決めて人の意見を聞こうとしないレーニンとは気が合わなかった。トロツキーはレーニンのもとを離れ、メンシェヴィキのリーダーとして当分の間、活動することになり、ふたたびレーニンに接近し、その右腕として大活躍するのはロシア革命の炎が燃え上がった一九一〇年代のことになる。

スターリンが現れたのはトロツキーより三年遅い一九〇五年十二月だった。亡命中のレーニンがフィンランドで招集したボルシェヴィキの会議に、カフカスの組織からヨシフ・ヴィサリオノヴィチ・ジュガシヴィリと名乗る青年が派遣されてきた。のちに「鋼鉄の人」を意味するスターリンと名乗るこの男は、レーニンとの出会いを回想して、「鷲のように逞しい男を想像していたのに、体が小さく、月並みな話ばかりするので大いに失望した」と書いている。

メンシェヴィキ寄りだったスターリンは、それでもボルシェヴィキの活動に参加することになり、資金集めで大いに貢献してレーニンの信任を得ることになった。スターリンは党の活動資金を力づくで取り立てる「接収」作業の立役者となり多くの資金を集めてレーニンを喜ばせたという。

当時、レーニンのシンパだった文豪のゴーリキーも、「接収」活動で政治資金集めに協力していたが、ゴーリキーはアメリカまで出かけて富裕な協力者から資金を獲得したりしていた。しかしスターリンの「接収」は強引で、脅したりすかしたりの「強盗的な略奪」であったという。それでもスターリンは多額の資金を集めて政治資金を積み上げたので、レーニンは大いに評価して歓迎したという。

トロツキー
(1879-1940)

グルジア人スターリンは、さらに民族問題について独自の考えを構築していて、レーニンから高く評価された。民族自決権を正当なものとするスターリンの考えは、のちにレーニンのロシア革命のおける民族論形成に貢献することになる。

3　著書『何をなすべきか』――前衛党は労働者を先導する

一九〇二年にレーニンが書いた『何をなすべきか』は、この時代の革命論争のなかから生まれた、実践行動を厳しく律する非妥協的な戦いの戦術論である。これに対して本小書の後半で分析するレーニンの代表作、一九一八年の革命の年に公刊された『国家と革命』は、レーニンが暴力革命論を展開した戦略の書で、ヒトラーの『マイン・カンプ（わが闘争）』に相当するものだ。

レーニン主義を理解するためには、まず『何をなすべきか』を繙く必要がある。この本はわれわれ昭和一桁世代が大学生のころ、学生運動の活動家たちの間で必読の書とされていた。

レーニン主義が描く革命党は、大衆的な労働者を先導する前衛組織であり、一切の妥協を排し、革命のためには暴力を含むあらゆる手段を行使するというプロレタリア革命の原理主義理論を主張した。

レーニンのボルシェヴィキはしきりに武装蜂起を呼びかけたが、労働者の目覚ましい反応はみられず、活動は次第に先細りになっていった。しかし革命の火は、レーニンが想像することのなかった意外なところから燃え上がった。ソヴィエトと呼ばれる農村地帯の革命的な組織が、いたるところで反帝政の活動を開始しはじめたのである。

ソヴィエト社会主義共和国連邦の「ソヴィエト」という呼称は、もともとは十九世紀の終わりころ、ロシアの農業地帯で頻発した農民蜂起の組織の呼称で、ソヴィエトという単語は「評議会」を意味する。農民蜂起にはロシア正教の農村地帯の変型である古儀式派の信仰に根差す思想が底流となっている。

ロシア帝政の苛酷な租税制度に苦しむ農民の反乱はいたるところで発生して勢いづいたが、やがてソヴィエトの波は農村から都市に波及し、労働者の間で低い賃金の引き上げや苛酷な労働環境の改善を要求するソヴィエトが次々に結成される事態になった。

4 「血の日曜日」の大虐殺からはじまった革命の時代

レーニンのボルシェヴィキとプレハーノフのメンシェヴィキが現実から遊離した理論闘争をしている間に、帝政ロシアの矛盾が一気に爆発する大事件が発生した。一九〇五年一月九日の

「血の日曜日」の大虐殺である。

ことの発端は〇四年十二月、ペテルブルグのプチロフ工場で、四人の労働者が解雇されたことに抗議するストライキの発生である。労働者の先頭に立っていたのは、戦闘的な社会主義者ではなく、権勢を振るう帝政から、貧窮に苦しむ民衆を救い出そうという聖なる使命に燃えていた、ガポンという名の僧侶だった。

プチロフ工場のストライキに共感する周辺の労働組合の闘争は、みるみるうちにペテルブルグ全市の組合が参加する、大きな波のうねりに発展した。交渉では話し合いが進まないので、ガポンが請願書を書き皇帝に手渡すことになった。

九日の日曜日、ガポンが先頭に立つ非武装のデモが、皇帝の冬宮に向かって行進を開始した。非暴力の平和なデモではあったが、その数は一二万人に膨れ上がる大がかりなものになった。停止命令を無視して冬宮に向うデモ隊の動きに、警備隊の指揮官が動転し発砲を命じた。大混乱のなかで発砲は続き宮殿前の広場は死者数百人といわれる血の海と化した。

大惨事をきっかけに帝政ロシア全土は革命の炎に包まれ燃え上がった。一九〇五年の日露戦争での敗北も、反帝政の国民的な感情を刺激することになった。

この時、レーニンは亡命先のスイスにいた。予想もしていなかった事態の発生にレーニンの反応は鈍かった。レーニンが帰国したのは流血の虐殺から一〇ヶ月もあとの十一月八日のことだった。

レーニン不在の間に、事態は急速に発展した。反帝政の炎は首都ペテルブルグから農村地帯へと拡大し、二月、皇帝の叔父でモスクワ知事のセルゲイ大公が革命派テロリストの凶弾に倒れた。オデーサ港では戦艦ポチョムキンの水兵が反乱を起こした。

一九〇五年十月十四日、首都サンクトペテルブルグのソヴィエトが結成された。指導部はメンシェヴィキが主流を占め、はじめ副議長だったトロツキーが、まもなく議長を務めることになった。皇帝ニコライ二世は事態の収拾をはかるため、政治犯を釈放したり、普通選挙による議会の設置を宣言したりした。

一方でペテルブルグの公安当局の取り締まりは厳しく、ソヴィエトは解散を命ぜられ、議長のトロツキーは逮捕された。ソヴィエト結成の動きは、第二の首都モスクワに波及し、モスクワが新たな革命の中心になった。

5　第二インターを主導するドイツ社会民主党

ヨーロッパの社会主義運動の国際的な連携活動は、一八八九年の第二インターナショナルの結成で、新しい段階を迎えた。ロシアの穏健派メンシェヴィキとレーニンの武闘派ボルシェヴィキとの対立は、ドイツ社会民主党の穏健派がメンシェヴィキ側に近い立場をとっていたため、近代化が進んだ西欧グループと遅れたロシアの武闘派という色合いが次第にはっきり見えるようになった。

第二インターが結成される前の、はじめてのインターナショナルは、第二インターより二五年前の一八六四年、イギリスの労働組合がイニシアチヴをとり、仏伊などの労組代表が参加して設立された「国際労働者協会」だった。通称第一インター(一八六四—七六)である。『資本論』第一巻を執筆中のマルクスも、招かれて参加しているが、第一インターは、目標として共産主義革命を掲げることはなく、労働組合の一般的な連携組織にとどまった。中心的な存在だったイギリスの組合が後退したため、マルクス派、プルードン派、バクーニン派などの雑然とした寄り合い世帯になり、最後はマルクス派とバクーニン派の対立で、七六年までに解体された。

第二インター(一八八九—一九一四)は、八三年のマルクスの没後、フランス大革命百周年を記念して、一八八九年、ドイツ社会主義労働者党主導のもとに創設された。しばらく目立った動きはなかったが、一九〇〇年一八ヶ国の革命党が結集し、本部をブリュッセルにおいて本格的な活動を開始した。

ドイツ社会民主党の前身、ドイツ社会主義労働者党は、一八七八年にビスマルクの社会主義者鎮圧法によって、社会・言論活動を禁止されたが、議会活動は認められていた。これは同党の議会選挙での得票を急速に伸ばす結果をもたらした。やがて党活動の全面的合法化が認められ、九〇年の総選挙で一四三万票、二〇%を獲得するところまで躍進した。一八九一年には、エルフルトで党大会を開いて新綱領を採択し、党名も社会民主党に改められた。

採択されたエルフルト綱領は、二人の社会主義者ベルンシュタインとカウツキーが作成したもので、とくにカウツキーは高齢のエンゲルスから直接助言を受けて執筆した。

新綱領は、①貧困化するプロレタリアはますます増大し、階級闘争は時を追って苛烈なものになる、②生産手段を資本主義的私有から社会主義的共有に転化することによってのみ、貧困と抑圧から福祉と調和への社会変革を実現することができる、③プロレタリアの解放は全人類の解放を意味する、などを主張するものだった。

直前までのゴータ綱領が、マルクス派とラッサール派の妥協の産物であったのに較べて、エルフルト綱領は「完全にマルクス主義に立脚した」ものになった。

その後のドイツ社会民主党の議会での勢力拡大は著しく、三〇〇万票三一%の支持票を獲得した。しかし議会での勢力拡大は暴力革命を否定し、議会による平和革命が可能とする考えが受け入れられる土壌を拡大することになる。

第二インターのなかでのロシアのグループでは、『何をなすべきか』の暴力派ボルシェヴィキと穏健派のメンシェヴィキが対立し、レーニンとメンシェヴィキを率いるトロツキーは激しく論争した。

もともと二人の革命論にそれほど大きな相違はない。ともに西欧で直接学んだ行動的な革命主義者で、西欧より遅れた発展状況のなかで世界革命を視野に入れる永久革命論を唱えたことでも共通している。あえていえば、レーニンが遅れたロシア社会の革命を支援するための西欧革命を考えたのに対し、トロツキーはロシア革命を起点に西欧の革命を目指す世界革命を視野に入れていたというところだろうか。

のちの一九一七年の十月革命で、トロツキーはレーニンのもとにはせ参じ、赤軍総司令官として大きな功績を残したことは周知のとおりである。

しかし一九一二年一月に行われたロシア社会民主党のプラハ会議で、メンシェヴィキとボルシェヴィキの対立はピークに達した。双方ともさまざまな調停の試みを拒絶したため、両者のあいだに生じた断絶はもはや回復し難いものになった。レーニンの非妥協的な攻撃的姿勢は、やがて第二インターでのドイツの社会民主党グループの穏健主義に向けられることになり、ロシアのボルシェヴィキとドイツの社会民主主義者との激突に発展することになる。

ここでひと言、触れておきたい話題がある。一九一二年四月に行われた、ロシアの第四次ドゥーマ（国会）の選挙で選ばれた社会民主党議員のなかに、一九一七年十月革命で、打倒追放されるアレクサンドル・ケレンスキー首相がいたことである。ケレンスキーは、先にも書いたレーニンの生まれ故郷シンビルスクの中学校の校長フョードル・ケレンスキーの息子で、十月革命の宿敵となる二人は、子供のころから知らぬわけでもない間柄だったのだ。

6　ローザ・ルクセンブルク、ロシア革命の未熟を批判

旧ソ連の崩壊後、一九九〇年代からはじまったフランスの思想界のレーニン批判は、ローザ・ルクセンブルクが、一九一〇年代にレーニンに面と向かって浴びせた、プロレタリア独裁論批判を、レーニン批判の決定的な材料として取りあげることで開始された。

ポーランド生まれのドイツのマルクス主義者ローザ・ルクセンブルク（1871.3.5–1919.1.15）が、レーニンとはじめて対面したのは、一九〇七年に開かれた第二インターのシュットガルト大会のときだった。

レーニンは一九〇〇年から本格的に動き始めた第二インターの事務局に籍を置いておきながら、インターがメンシェヴィキの長老プレハーノフの強い影響のもとにあったこともあって、積極的には活動せず会議に出席することもなかった。しかしなにを思い直したのか前記のシュ

ローザ・ルクセンブルク
（1871-1919）

ツットガルト大会に、はじめて出席することになったのである。

会場で隣り合わせになったのがローザだった。二人は革命論などをかわして大いに意気投合し、レーニンは以後インターの会議に出席するようになった。しかしレーニンとローザ、あるいは第二インターの社会民主主義者とのおだやかな関係は長くは続かなかった。

とりわけローザとレーニンの激突は、のちの西欧派の社会民主主義とレーニンのプロレタリア独裁主義との対立に至る最初の発火点になった。

当時、第二インターでは西欧の先進諸国と後発的なロシアとの革命の相違についての議論が盛んに行われていた。西欧派は遅れたロシアの革命はいま論ずべきものではないとする尚早論が主流で、ローザもその論者の一人だった。

一九一三年に入ってインター事務局は、ロシア革命の後進性の問題を正式の議題にして取り上げることを決めた。レーニンはこの議論に乗り気でなかったようで、すべて代理の代表を送り込み、ローザと、もう一人の論客カウツキーと対決させた。議論はもつれて次第に大きな論争となり、一九一四年八月、ウィーンで開かれるインターの大会で決着をつけることになった。カウツキーも次第にメンシェヴィキ色を強めるようになり、レーニンの不興をかった。レーニンは苛立ちを隠さず、ふたたびインターの会議を無視するようになった。

ボルシェヴィキの支持率が激減し、目指す革命組織も思うように動かず気落ちしたレーニンは、ロシアでの二年間の滞在を切り上げて、一九〇七年クループスカヤとともにジュネーヴに戻った。しかし住み慣れたジュネーヴもかえって疲れた神経を逆なでする結果となり、〇八年末、初めて住むパリに移動した。

ようやく落ち着いた環境を見出すことになったレーニン夫妻とクループスカヤの母親の三人は、はじめ狭いアパルトマンに居住したが、やがてレーニン自身の母親と妹も合流したため、次々部屋数の多い住まいに移動しながらパリ生活を過ごすことになった。レーニンは愛情に満ち溢れた女性たちに囲まれて、疲れ切った神経をやすめることができた。読書と著作に専念する理想的な生活だった。

レーニンはこの間、フランスの最先端の革命思想を大いに学んだ。無政府主義者ブランキやバクーニンの暴力革命論やプロレタリア独裁論が、レーニン主義形成の基盤になったことは間違いない。

しかし革命を忘れてしまったわけでない。レーニンはパリ近郊のロンジュモーにあったボルシェヴィキの学校で、亡命してくるロシアの若者を革命家として育てる講義をした。若い未来の革命家たちはやがてロシアに戻り、大いに革命に貢献することになる。

革命家たちが離合集散を繰り返し、無為な日々を過ごすなかで、一九一四年、突如天下を動転させる大事件が発生した。第一次大戦の火蓋が切られ、未熟なロシア革命が成立するさまざまな条件が出揃う事態が到来したのである。

第三章　革命前夜——二月革命で帝政崩壊

1　第一次世界大戦勃発、レーニンとローザの決裂

一九一四年六月二十八日、オーストリア皇太子がセルビアの青年によって暗殺されたサライェヴォ事件をきっかけに、ヨーロッパは二つの同盟に分かれて険悪な対立関係に入った。セルビアの背後にいるロシアにフランスが加わった。オーストリアと同盟するドイツは、ビスマルクを辞任に追い込んだヴィルヘルム二世が、大ドイツの発展を目指して露仏同盟に挑む好機と考えた。八月一日、ドイツはロシアに対して宣戦布告し、二日後の八月三日、ドイツは中立国ベルギー経由でフランスに侵攻。つづいて四日、イギリスが露仏側について開戦を宣言した。

同月二十三日には日英同盟を結ぶ日本もドイツに対し開戦し、膠州湾の植民地攻撃に踏み切ったため、独露二大国の対決は一気に世界戦争に発展した。

第二インターは各国の労働組合に開戦反対の活動を呼びかけたが、平和主義は諸国民の愛国心のすさまじい高揚にかき消され、開戦阻止の役割を果たせず、無力な状態をさらけ出すことになった。

大戦の開始とともに、ロシアの首都の呼称はドイツ風のサンクトペテルブルグから、ロシア風のペトログラードに改められた。ロシア革命が西欧風の影響から離脱し、ロシア的な革命色を強めていく一つの過程である。やがて首都自体が東のモスクワに移され、西欧的なプレハーノフからロシア土着のレーニンへと、革命の質的な変化が表面化することになった。

ローザとレーニンの衝突は、先述の一九一二年のプラハ大会ではじまった。ロシアのメンシェヴィキを代表するプレハーノフの西欧的な修正主義は、レーニンにとって許し難いものであり、激しい攻撃を浴びせることになったが、ローザはレーニンの荒々しい態度を許すことができなかった。

レーニンは一九一二年夏、四年間のパリ滞在を切り上げて、当時オーストリア・ハンガリー帝国領内（現在ポーランド）のクラクフに移り、二年間滞在する。ロシアの革命情勢をより近くで観察したいという理由だった。この間一九一三年には先述のように一九〇五年に知り合ったスターリンが訪ねてきて、活動資金の面倒をみたり、民族問題の重要性を提起したりして、レーニンを喜ばせる一幕もあった。

レーニンはスイスのベルンをへて、一五年チューリッヒに居を定めた。しかしこの年から翌一六年にかけて、レーニンにとってもっとも悲しく苦しい時期が到来することになった。一九一五年、官憲の厳しい取り締まりから手を尽くしてレーニンを護りつづけた母親が他界した。つづく一六年には、シベリアの流刑時代からつねに生活をともにし、生活費の援助や身の回りの世話をしてくれたクループスカヤの母親も死去した。

革命活動でも気落ちしたレーニンは、厳しい孤立した状態に追い込まれた。ドイツとただちに和平を結び、植民地の反帝国主義勢力と呼応して、社会主義革命を目指すべきだとする呼びかけは、大戦で異常に高揚した諸国民の愛国的な感情にかき消され、ボルシェヴィキのなかでもレーニンへの支持は急速に縮小していった。

2　堅物レーニンに第二の女性——クループスカヤの理解

一九一四年八月、ボルシェヴィキとメンシェヴィキの対立に決着をつける、注目の第二インターの大会がウィーンで開催された。レーニンはこの重要な会議にみずからは出席せず、かわりに三人の代表に自身が書いた演説草稿を持たせて送り込んだ。レーニンの演説を代読したのはイネッサ・アルマンドという女性代表だった。

イネッサは、愛妻クループスカヤに誠実だったレーニンが、密かに愛した女性である。革命の本筋から外れる話ではあるが、レーニンを理解するうえでイネッサという女性の存在を正確に把握しておく必要があると思うので、少々回り道することをお許しいただきたい。

イネッサ・アルマンドは、父親がフランス人、母親が英国とロシアの混血という才色兼備の粋な女性だった。パリ生まれのイネッサはレーニンより四歳若く、十五歳で祖母が住むロシアに移住した。

当時のロシアではフランス的教養のある女性はもてもてで、イネッサはロシアの豪商の息子に嫁ぎ、五人の子供をもうけて何一つ不自由のない生活を享受することになった。子育てを終えたイネッサはやがて社会主義思想に染まり、革命的な活動に加わるようになった。カレール＝ダンコースはイネッサとレーニンの関係について調べ上げ詳述している。

イネッサはマルクス主義の活動になんらかの貢献をしようという思いから、一九一〇年、生まれ故郷のパリに戻り、まもなくレーニンと出会うことになった。イネッサにとってレーニンは革命指導者として、眩しいほど大きな存在に見えたに違いない。堅物のレーニンの方もパリジェンヌ・イネッサの魅力には抗することができなかったようだ。二人の関係は、急速に進行することになった。

レーニンの傍らに寄りそって、健康に気を遣い、仕事の上でも細かい補佐を怠らなかったクループスカヤが、二人の関係に気づかないはずはなかった。クループスカヤは大いに悩み苦しんだあと、自分は身を引くべきだと意を決し、それをレーニンに伝えた。しかし、レーニンにもイネッサにもそれを受け入れるつもりはなかった。愛妻と愛人の二人の女性は、お互いいたわりあいながら付きあうようになり、やがて友情を感じるようになった。

イネッサはその後も、レーニンの亡命先で政治活動や著作の助手をつとめ、一九一七年の二月革命でレーニンがロシアに帰国した時も同行して帰国し、革命の時をともに戦った。イネッサは十月革命のあと病に倒れ早逝した。葬列の先頭には、悲嘆にくれるレーニンの姿があったという。

イネッサ・アルマンド
(1874-1920)

イネッサへの抗しがたい人間的な想い入れのなかにも、レーニンの心に潜む西欧風、とくにフランス革命の理想化とコンプレックスが入り混じった感情が読みとれるのである。

3 『帝国主義』の出版

戦争と革命が進行するなかで、チューリッヒのレーニンの旺盛な著作活動は目覚ましく、一九一六年六月、大著『資本主義の最高の段階としての帝国主義』を脱稿した。レーニン自身、巻末で著作期間を同年の一月から六月までの半年間と記しているが、それは最終的に仕上げた執筆の期間であって、膨大な資料の収集など、準備は過去の長期にわたるものである。同書は翌一七年四月、ペトログラードで出版された。

レーニンは世界大戦に突入するにいたった資本主義は、大銀行が独占的に支配する資本主義最高の段階である金融資本主義であると同時に、世界のすべての領土を植民地化した列強の帝国主義であると規定する。

レーニンは金融資本については、マルクス主義金融論のヒルファーディングに学び、帝国主義論はイギリスの社会思想家ホブスンの『帝国主義』を大いに参考にしたと書いている。レーニン独自の帝国主義論の記述は「第七章　資本主義の特殊の段階としての帝国主義」からはじまり、次のように展開する。

「資本主義は、発展の高度の段階で、より高い社会＝経済制度への過渡的な諸特徴があらわになったときに、はじめて資本主義的帝国主義になった。この過程で注目されるのが、資本主義的な自由競争が独占的な段階に発展したことである。激烈な競争のなかで、矛盾、軋轢、紛争を繰り返しながら、独占が支配する資本主義のより高度なシステムが成立する。
支配する金融資本は、少数の巨大銀行であり、帝国主義は植民地政策により、地球上のあらゆる領土を独占的に分割領有する。」

レーニン『帝国主義』は第八章以下で、ヒルファーディングとホブスンが見落としていた誤りとして、帝国主義が世界のすべてを植民地化した結果、巨大な富が蓄積されたこと、収奪された植民地で帝国主義支配に反発する民族主義の闘争が激化していることを指摘する。そして資本主義の打倒を目指す革命は民族主義の闘争を支援することによって大きな効果をあげることができると論じた。

ドイツでマルクス主義革命家として活動するポーランド出身のローザは、レーニンのこの議論に激しく反発した。ローザはカール・リープクネヒトとともにスパルタクス団を結成し、西ヨーロッパでの共産主義革命を目指す運動の最先端に立っていた。ローザが問題にしたのは、レーニンの民族問題を重視する革命思想で、ユニウスというペンネームを使い、ボルシェヴィキ批判の激しい論文を発表した。

フランソワ・フュレをはじめとする近年のフランスの思想界は、ローザのレーニン批判をしばしば引用するが、ユニウス論文を取りあげたのはカレール＝ダンコースだけである（『レーニンとは何だったか』二三五頁）。ペンネーム論文を発掘したのはさすがロシア革命史研究の第一人者である。

ドイツで活躍するローザは、東欧出身であっても意識は西欧中心主義で、資本主義発展で遅れている帝政ロシアの革命はまだ問題にするレベルではないという立場だ。ユニウスは「人間を解放する社会革命の口火を切ることができるのはヨーロッパだけであり、もっとも〈早く〉からの資本主義国だけである」と主張した。

ロシアでもっとも西欧化されたペトログラードから、六〇〇キロ奥地のモスクワ、そこからさらに九〇〇キロ東のシンビルスクで生まれ育ったレーニンには、近代革命を語る資格はないということになる。「田舎もの」扱いされたレーニンの怒りは激しかった。ただちに「ユニウスへの回答」を書き、きわめて辛辣な表現を使い、「帝国主義列強に対する民族闘争は、不可避で、進歩的で、革命的である」と論じた。ローザとレーニンの険悪な対立はもはや修復することのできないものになった。しかしレーニンは女性には優しいようで、『帝国主義』のなかでは、ローザとの激突は取り上げていない。

4　チェコ出身のドイツ社会主義者カウツキーの修正主義

『帝国主義』本文でのレーニンの修正主義批判の矛先は、もっぱら第二インターを代表するマルクス主義の論客カール・カウツキーに向けられた。

レーニンはマルクス主義者の立場からみた帝国主義の本質は、独占資本主義であり、資本主義制度がより高度の社会＝経済制度に向かう過渡的な現象として、四つの特徴を備えたものであると主張した。

「第一に、独占は高度の資本主義のもとで発生する資本家の独占組織、カルテル、トラスト、シンジケートを意味する。ドイツ、アメリカにはじまり、自由貿易のイギリスにも波及した。

第二に、独占はもっとも重要な資源である石炭業と鉄鋼業をカルテル化して支配し、大資本の権力をいちじるしく強化した。

第三に、独占は仲介企業にすぎなかった銀行を、金融資本の独占者に転化した。少数の大銀行が産業資本と銀行資本を結びつけ、巨額の貨幣収入を全面的に独占する。すべての経済政治機関に張りめぐらされるネットワーク、金融寡頭制は、独占的支配の現実の姿である。

第四の独占。植民地の資源を獲得し、資本投下を行う金融資本は、勢力範囲を奪いあう闘争を開始した。一九〇〇年前後にアフリカの土地の一〇分の九が植民地として占有化され、やがて全世界が占領分割される時代に入ると、再分割をはかる激しい闘争の時代がはじまった。」

カウツキー
(1854-1938)

レーニンはこの四原則を、正統なマルクス主義の帝国主義論であると規定し、これと異なる帝国主義論を修正主義と糾弾し、代表的な修正主義者カウツキーをマルクス主義とは縁もゆかりもないものと断じて切り捨てた。

レーニンは主張する。

「カウツキーは金融資本の時代に、空疎な理想主義、平和主義、たんなる経済的要因の擁護を主張することによって、マルクス主義と関係のないものになった。これは、独占資本主義を非独占的な資本主義に引き戻そうと考える、欺瞞に満ちた改良主義である。」

「帝国主義、あるいは金融資本の支配がなければ、自由貿易はより力強く拡大したであろうとする議論は無意味である。なぜなら貿易と資本主義の関係が進化すればするほど、独占をつくりだす生産と資本の集積は大きくなるからだ。独占はほかならぬ自由競争の結果として発生するのだ。カウツキーの議論をどんなにひねくりまわしても、反動性とブルジョア改良主義以外のものは見いだせない。」

「一九一五年、カウツキーは悪名高い『超帝国主義』の理論を打ち出した。『現在の帝国主義的政策が、新しい超帝国主義的な政策によって駆逐され、国民国家間の金融資本相互間の闘争といれかわって、国際的に統合された金融資本による世界の共同搾取を行う可能性がある』というのだ。」

レーニンは反論する。

「カウツキーが名付けた超帝国主義は、十三年前にホブスンが国際資本主義の名で構想した考えの焼き直しで、労働者に資本主義のもとでも恒久平和が可能であるとする幻想を吹き込み、現実から目をそらさせようと企む、マルクス主義とは絶対に相いれない考えである。マルクス主義を日和見主義的に修正しようとするもくろみは、完全な失敗に終わろうとしている。」

レーニンはカウツキーを「背教者」とののしる本を書き、第二インターに見切りをつけて、レーニンのプロレタリア独裁論を忠実に実践する第三インターの創設を考えはじめていたのである。

『帝国主義』の最終章はサン＝シモンの謎の登場

最後の第十章「帝国主義の歴史的地位」の終わりを、レーニンはフランスの社会思想家サン＝シモンに関する、次のような謎めいた言葉で結んでいる。

「すでに見てきた発展を究極まで考え抜けば、国民の貨幣資本は銀行のなかで統合される。銀行は相互にカルテルとして結合され、国民の投下資本は有価証券の形に鋳こまれることになる。そのときには、サン＝シモンのつぎのような天才的なことばが実現される。――〈『経済的諸関係』が統一された規制なしに展開される今日の無政府状態は組織化されなければならない。生産の指導は、人々の経済的な欲望に支配されない、特定の社会的機関の手に帰属することになるだろう。高い見地から見渡すことのできる『中央管理委員会』が、社会経済を全社会にとって有利なように規制し生産と消費のあいだの調和をはかることになるだろう。〉

サン＝シモンの考えの実現はまだ遠いが、経済活動の特定の組織化をすでに任務として取り入れているのが銀行であり、われわれはその実現の途上にあるのだ。

これはマルクスが考えていたこととは形態の点で異なるが、マルクス主義の考え方である。正確な科学的な分析に基づいたマルクスにくらべて、天才的ではあるが推論にすぎなかったサン＝シモンは、及ばなかったのである。」

レーニンは同じ西欧中心主義でも、東欧系ドイツ人にはきわめて厳しくあたったのに対し、フランスの思想家には大いに寛容であったことが、ここでも読み取れる。

サン＝シモンはフランス革命の時代に理論的な指導者として活躍した思想家である。レーニンは、『国家と革命』で、フランス大革命は基本的にはブルジョア革命であるとしながらも、革命のなかから生まれた民主的共和制は高く評価し、パリ・コミューンを、プロレタリア独裁を実現した共産主義ユートピアのモデルとして描いている。レーニンは大革命のフランスには憧憬を抱くと同時に、ある種のコンプレックスに陥っていたようだ。

もっともドイツ人でもマルクスとエンゲルスは、すべてを超越する至高の存在だった。

5　一九一七年、革命前夜のロシア

レーニンがチューリッヒで、『帝国主義』を書き上げた一九一六年のロシアは、革命前夜の無秩序な大混乱のなかにあった。カレール＝ダンコースは、その時現場にいたかのような克明な記録を書いている。

戦争は全国に広がり、果てしもない死者、負傷者、捕虜の群れをつくり出した。逃亡兵や難民の群れが、受け入れるつもりのない各地の都市に流れ込んだ。対応に無能な政府への不満が満ち溢れ、いつでも革命への爆発が発生するばかりの状況になっていた。

経済状況も行き詰まっていた。農民がわずかな収穫を持ち込んでも、買いとるお金を持っている市民はほとんどいなかったし、たとえ売れることがあっても農民が売り上げで買いたい物資は何もなかった。翌一七年二月の革命による帝国の終焉は、すでに始まっていた。

二月革命は、ドイツ語風のサンクトペテルブルグから、ロシア語風に改名されたペトログラードではじまり、六日間つづいた。帝政を倒す革命は、あっという間にやすやすと進行した。暴動を防ぐために王宮は完璧に防備されていたし、行動を起こした暴徒には指導者もいなかったのに、帝政は消えてなくなったのである。

国際女性デーの二月二十三日、繊維と製鉄の二つの工場でストライキを行っていた女工たちのデモをきっかけに革命ははじまった。生活苦を訴える九万人の市民が女工たちの呼びかけに応えて街に繰り出した。取り締まり当局がデモの解散を命じなかったため、翌二十四日のデモは、学生も参加する一層大がかりなものになった。革命歌の高唱とともに、帝政打倒の政治スローガンが登場した。あわてた当局は軍隊の出動を命じ、射撃許可まで下したが、デモ側は軍隊に反乱を呼びかけ、複数の部隊がこれに応じた。デモは暴動から一気に革命的武力行動に発展した。反乱軍は監獄を襲って政治犯を解放し、二十七日、帝政権力は存在しないも同然の無力状態に陥った。

権力を失ったニコライ二世は、若干の抵抗を試みたが、ドゥーマ（国会）が要求する退位を受けいれた。かわりに弟のミハイル大公への譲位を求めたが、ミハイル大公が断わったため、三〇〇年の歴史をもつロマノフ王朝は、一九一七年三月三日、消滅してしまった。

6　二月革命による臨時政府樹立で帝政消滅、ケレンスキーは法相で入閣

革命政府の拠点となったタヴリーダ宮には、二つの決定機関、つまり自由主義ブルジョアジーを代表するドゥーマと、社会主義的な労農勢力を代表するソヴィエトが同居した。

帝政消滅の日、三月三日に両者が決めた最初の臨時政府の首相には、全ロシア・ゼムストヴォ同盟議長のリヴォフ公が選ばれた。ゼムストヴォは農村を活動舞台にする地方自治体組織であり、五十五歳のリヴォフ公は大土地を所有する貴族だった。のんびりした人柄で、強いリーダーシップを発揮するタイプではなかった。臨時政府の第一の実力者は、外相に選ばれた自由主義者で歴史学者のミリューコフだった。

弁護士でドゥーマの社会主義の議員で、のちにレーニンと真っ向対決することになるシンビルスクの同郷人ケレンスキーは、法相として入閣した。リヴォフ公はケレンスキーに好意をもっていたという。のちにエスエル社会革命党に加わる当時三十六歳のケレンスキーは、ソヴィエ

トからも受けの良い人物だった。

臨時政府の最初の重要な任務は、連合国との連帯から脱け出してドイツとの戦争を止めるのか、あるいは戦いつづけるのかを決めることだった。外相に選ばれた歴史学者ミリューコフは、平和を実現するために戦争を継続するというあいまいな態度を表明していた。

第四章　世界初の社会主義政権成立――十月革命

1　二月革命の急進展にチューリッヒのレーニンもビックリ仰天

チューリッヒにいたレーニンや、海外に滞在していたロシア人亡命革命家たちは、想像もしていなかった二月革命の急進展に、腰を抜かして驚愕した。ツァーリ体制の終焉と革命勝利の知らせに、レーニンは「びっくり仰天して」、あらゆる新聞を買い集め事実の確認を急ぎ、「一刻も早くロシアに帰り革命に参加しなければならない」と考えた（カレール＝ダンコース、二五五頁）。

回想録を書いたバラバーノヴァはチューリッヒで開かれた集会で、レーニンが確信をもって断言するのを聞いた。「この革命は第二の、そして勝利に終わるパリ・コミューンになるだろう」。バラバーノヴァは驚きの言葉を続ける。「私は革命がもっとも工業の進んだ国から始まるという考えに馴らされていた。レーニンの見解は、私にはユートピアに聞こえた」。

レーニンはロシアに帰国する手段を求めて行動を開始した。経路は二つしかない。一つは連合国英仏を頼りに、スウェーデンかフィンランドを経由する方法だ。もう一つは敵国ドイツを通る方法だ。

東西両面に敵を抱えて苦しんでいるドイツを叩き潰すために、連合国はロシアの戦争離脱に絶対反対で、単独講和を強力に主張するレーニンの帰国を許容することは難しそうだ。

他方ドイツは国内に革命派をかかえ、軍隊の反乱もあって苦しい状況にあり、レーニンを帰国させ単独講和を実現することを熱望して工作を仕掛けてきた。レーニンをドイツの列車でロシアに送り届ける計画は、ドイツ外務省とレーニンの代理人ジノヴィエフとの交渉で進められた。

この計画に対してロシア側では敵国を利するスパイ行為だとする非難の声も少なからず聞こえた。このためロシア側は、輸送する列車を治外法権が保証される「封印列車」とすることを要求し、ドイツ側もこれを受け入れた。ドイツはさらにレーニンに対して多額の活動資金の供与を秘かに約束した。

2　レーニンの帰国は敵国ドイツ仕立ての「封印列車」

一九一七年三月二十七日、大勢のボルシェヴィキを載せた「封印列車」はチューリッヒ駅を出発した。レーニン夫妻にはイネッサも同行していた。列車にはボルシェヴィキだけでなく、多くのさまざまな亡命革命家も乗っていた。チューリッヒ駅からは、つづいて二番列車も出発した。

駅の周辺には大勢のボルシェヴィキやシンパが詰めかけ、「インターナショナル」とフランスの国歌「ラ・マルセイエーズ」を高唱して見送った。一方で、レーニンを敵国ドイツのスパイ呼ばわりする一団も押しかけ非難の叫び声を浴びせた。

しかしレーニンには、非常手段を使って帰国することと、ドイツの資金援助を受けることに迷いはなかった。レーニンにとっては権力奪取こそが唯一の神聖な目標だったのである（カレール＝ダンコース、二五九頁）。

封印列車がまだドイツ領内を走っていた四月二日、アメリカ議会でウィルソン大統領が演説し、「ドイツは人類に対する戦争を仕掛けている」と叫んで、ヨーロッパへのはじめての派兵を議会に提議し、圧倒的な多数で承認された。アメリカ兵はフランスの最前線の塹壕戦で勇敢に戦い、ドイツに大きな圧力をかけることになる。派兵アメリカ軍は最終的に二〇〇万を越える大軍になった。

封印列車はドイツ領を通過してロシアに入り、四月三日、ペトログラードのフィンランド駅に到着した。すでに多くの亡命革命家が帰国しはじめていたため、駅の周辺は迎えのシンパたちで溢れかえっていた。

レーニンに対する歓迎は特別のものだった。ボルシェヴィキの歓迎委員会は、レーニンを神格化して革命の機運を盛り上げようと派手な演出を準備した。歓迎委員会代表の短いスピーチが終わるとレーニンが壇上に上がった。

「親愛なる同志。兵士、労働者諸君。勝利したロシア革命の担い手であり、世界プロレタリアートの前衛である諸君に敬意を表明する。世界革命の夜明けがはじまり、帝国主義は崩壊しようとしている。社会主義革命万歳！」

「ラ・マルセイエーズ」の高唱につつまれて、レーニンは市内のボルシェヴィキ司令部に向かった。

レーニンは司令部で、崇拝者たちに向かってたっぷり二時間にわたって、革命戦略を語り、「社会民主主義者が支配するソヴィエトはブルジョアの道具であり、われわれが望む世界革命を目指すものではない。臨時政府への支持を拒否し、ソヴィエトをボルシェヴィキが支配するプロレタリアのものにしなければならない」とまくしたてた。

臨時政府の社会民主主義と協調していく路線が当然と考えていたボルシェヴィキの仲間たちは、レーニンの言葉を茫然として聞いた。彼らは社会主義者の統一を目標に考えていて、戦闘的な対決で分断状態をつくりだすことなどまったく頭になかったのである。

機関紙を使った論争が盛んになった。のちにスターリン時代の外相を長い間つとめることになるモロトフが『イズヴェスチヤ』や『プラウダ』の編集責任者だった。モロトフは次第にレーニンの主張に接近しはじめたが、編集に新たに加わったスターリンはレーニンの考えに反対だった。ソヴィエトの執行部でも過激なレーニンの支持者は少数派にとどまった。

ソヴィエトの革命家たちは多くが農民の出身であり、兵士や労働者も農村生まれの子弟だったので、レーニンが呼びかける西欧的な革命をすぐに理解することができない事情もあった。

3　すべての権力を農民のソヴィエトへ

そこでレーニンは、ソヴィエトを強引に乗っ取るほかはないと考え、「すべての権力をソヴィエトへ」というスローガンを掲げた。レーニン自身もペトログラードから千キロ東の農業地帯で生まれ育った、農民のソヴィエトを、親しみを持って語る男だった。

レーニンはチューリッヒにいた時から考えていたテーゼを「四月テーゼ」としてまとめ、あまり乗り気でなかった『プラウダ』に掲載させることに成功した。

「あらゆる戦争行為を即時停止する、臨時政府への支持を止めてすべての権力をソヴィエトに移転する、正規軍を廃止し革命軍を編成する、私有の大土地を没収し国有化する、ソヴィエトによる生産と分配を実施する。」

ボルシェヴィキは、全国八万の党員から選ばれた一四九人の代議員による党大会を開いて四月テーゼを討議したが、即座に革命を実行すべきだとする強硬路線に反対する声が強く、レーニンは窮地に立たされた。ジノヴィエフやブハーリンの援けで論争をつづけていたとき、それまで反対していたスターリンが、突然レーニン支持に転向することを宣言した。これをきっかけに党大会の空気は大きく変わりはじめ、最終的に単独講和で戦争行為を止める件は満票に近い票を獲得し、ソヴィエトに権力を移転する方針も圧倒的多数で承認された。スターリンが突如転向した理由は明らかではないが、レーニンの主張はつねに明快かつ断固としたもので分かりやすかったことは確かだ。

レーニンははじめソヴィエトの存在をそれほど重視していなかったが、四月テーゼをめぐる論議のなかで、ソヴィエトが国民のもっとも貧しい底辺を代表する組織であり、プロレタリア市民の革命政府を樹立したパリ・コミューンとの間に共通するものがあると考えるにいたった。

レーニンはまもなく、一七年の八月から、ロシア革命の戦略の書、『国家と革命』執筆の最終的な仕上げに取りかかるが、その第三章でパリ・コミューンをロシア革命の究極の理想として描くことになる（レーニンはこの考えは、マルクスが発想し主張したものであるという事実と異なる考えを強弁した。レーニンの誤りについてはのちの第二部で徹底的な分析を行う）。

4　メンシェヴィキのトロツキーがレーニンを全面支持

五月四日、トロツキーが亡命先から帰国した。翌日、トロツキーはただちに行動を開始し、ソヴィエトに対して呼びかける演説を行った。トロツキーが一九〇五年のペトログラード・ソヴィエトの議長であったことを、すべての人が思い出した。

トロツキーはその後、レーニンのボルシェヴィキには同調することなく、メンシェヴィキの指導者として活動していた。帰国したトロツキーがソヴィエトの代議員に呼びかけたのは、「すべての権力をソヴィエトに、ただちにブルジョア革命をプロレタリア革命に転化せよ」というレーニンの四月テーゼそのものだった。

しかし二人の大ものの和解はそう簡単には進まなかった。トロツキーは革命への主導権を掌握しているのはレーニンであることは十分わかっていたが、対決してきたボルシェヴィキに転向することには抵抗があった。

革命をやりたくてうずうずしながら躊躇しているトロツキーに、最初に誘いをかけたのはレーニンの方だった。『プラウダ』の編集と党大会の準備委員会に参加しないかと誘ったのである。なおもためらうトロツキーについて、レーニンはあまり気にすることなく、「あいつには野心があるのさ」と語っていたという。レーニンの方が人間的にうわてだったようである。

レーニンの当時の指導的な地位は確立されており、メンシェヴィキからの転向者はつぎつぎと後を絶たなかった。レーニンの話し方は、ハンマーを打ち込んでくるような迫力があり、つねに話の中身に説得力があったという（カレール＝ダンコース）。

そのうえレーニンにはドイツから提供された豊かな活動資金があり、一七年には『プラウダ』の発行部数は九万部にのぼった。ロシア語だけでなく、グルジア語やリトアニア語など地方言語の新聞など、レーニンの論文が掲載される四一紙の総発行部数は三二万部に達していた。

これら膨大なプロパガンダを活字にするために、レーニンはやはりドイツの資金から二六万ルーブルを使って印刷所を買い取り、ビラやチラシの印刷にもフル活動させた。

5　五月の連立改造内閣成立から十月革命の勝利まで

五月五日、臨時政府の改造が行われ、はじめての政府、つまり第一次連立内閣が成立しリヴォフ公が首相を継続した。ソヴィエト乗っ取りを目標に入閣容認の方針をとっていたボルシェヴィキは外され、逆にブルジョア内閣への入閣に反対だったエスエルとメンシェヴィキとの連立が成立した。自由主義者九人と社会主義者六人の構成になった（廣松渉『マルクスと歴史の現実』平凡社ライブラリー、一九九九年、二五〇頁）。

この時期、戦争を止める講和に見通しがつかなかったため軍の不満が高まっていた。都市部ではゼネストとデモで騒乱状態が続き、農村部でも暴動が頻発し、政府の孤立状態はますます厳しいものになった。

六月、第一回ロシア・ソヴィエト党大会がタヴリーダ宮で開催されたが、ボルシェヴィキは勢力拡大の絶好の社会的条件のなかでも、支持率を伸ばすことができなかった。投票権を持つ代議員八二二人のうち、ボルシェヴィキは一〇五人に過ぎず、エスエル社会革命党の二八五人やメンシェヴィキの二四八人にはるかに及ばなかった。

レーニンは「我々は直ちに政権を担当する準備ができている」と叫び、会場に詰め掛けていた水兵や兵士の喝采を浴びたが、活動方針の評決では臨時政府が信任され、ソヴィエトへの国家権力の移管を求めるボルシェヴィキの決議案は否決された。三ヶ月ごとに党中央の会議を開くことが決まり中央委員が選ばれたが、ボルシェヴィキの代表は二五〇人のうち、三五人に過ぎなかった。

しかしペトログラードの街頭では、ボルシェヴィキの勢力が圧倒的だった。六月九日、大がかりなデモを呼びかけるビラが撒かれ、「パンと講和を！」にはじまり、「ブルジョア内閣を打倒せよ」「全権力を直ちにソヴィエトへ！」といった革命スローガンが街に溢れた。市内に駐屯する軍の部隊は武装蜂起をにおわせる動きを見せた。

六月末、臨時政府はクーデタを抑えるため、ボルシェヴィキ弾圧の方針を固め、レーニンらの逮捕を決意した。危険を察知したレーニンは、クループスカヤとともに姿を隠し、フィンランドに逃れた。

七月三日、前線に派遣を命じられた部隊が反旗を翻し、臨時政府の打倒を叫んで首都の街頭で大がかりなデモを開始した。ボルシェヴィキはあまり乗り気ではなかったが、自発的なデモは六日までの三日間つづき、一部では銃撃音も聞こえた。

しかし武装蜂起はドイツの金を使っているという政府の宣伝が効果を発揮し、郊外から政府系援軍も駆けつけたため反乱は鎮圧されて終わった。トロツキーらの指導者は逮捕され、レーニンは不在だったため、革命派は指導者のいない状態に追い込まれ、七月事件は三日間で終結した。しかし事件をきっかけに臨時政府の第一次連立内閣は機能しなくなった。七月二十四日、ケレンスキーを首相とする新しい第二次連立内閣が成立した。新内閣は、社会主義者七人、自由主義者六人となったが、ソヴィエトとの関係は断ち切られた。

ケレンスキーは国防大臣と海軍大臣を兼任して、軍の力で統制をはかろうとしたが、閣内の十分な支持を取りつけることができないでいるうちに、右派の軍最高司令官コルニロフ将軍による軍事クーデタの動きが出てきた。コルニロフは臨時政府はボルシェヴィキと手を結び、ドイツ参謀本部の了解のもとに、内部攪乱を画策していると主張し、配下の部隊に首都を攻撃することを命じた。

ケレンスキーは全国のソヴィエトに助けを求めた。ボルシェヴィキを先頭に武装労働者が立ち上がり、ソヴィエト派の軍隊も行動をともにして立ち向かったため、コルニロフは最後にクーデタをあきらめることになった。

しかしこの事件を通じて全国のソヴィエトのボルシェヴィキへの信頼は急速に高まった。ボルシェヴィキは七月二十三日から第六回党大会を開き、二一人の党指導部を選んだ。

フィンランドの隠れ家から指揮をとっていたレーニンはこの会議に出席しなかったが、投票数一三四票のうち一三三票を獲得して指導部のトップに選ばれた。つづいてジノヴィエフが一三二票、トロツキーが一三一票で選ばれ、主だった顔ぶれが出そろった。

九月二十五日、ケレンスキーは第三次連立内閣を発足させた。同じ日に逮捕から解放されていたトロツキーが、ペトログラードのソヴィエト議長に選ばれた。二十八日、同ソヴィエトはモスクワのソヴィエトと合同会議を開き、「全権力をソヴィエトに」を行動方針とすることを決めた。全国のソヴィエトは次々にこの決議にしたがった。

十月に入ると、協調派がまだ中央委員会の主導権を握っていたソヴィエトで、ボルシェヴィキの動きが活発になった。全国の革命派が結束する体制がすすみ、最終的に反革命からの防衛を旗印に掲げた軍事革命委員会が、革命派ソヴィエトの機関として成立した。

レーニンは非公開の会合で、革命の機は熟したと語りはじめ、発禁された『プラウダ』に替わって発行されていた『ラボーチイ・プーチ（革命の道）』に、「いまや世界革命前夜である。権力奪取のための条件はそろった」と書いた。

政府は革命派の動きを警戒して、士官学校の学生を動員して対抗した。

ロシア革命史の歴史に残る名著『世界を揺るがした十日間』（邦訳岩波文庫ほか）は、このあたりから革命成立までのロシア民衆の怒りや革命的行動を目撃したリアルな記録である。著者のアメリカ人ジャーナリスト、ジョン・リードは、一九一九年この書を、レーニンとクループスカヤの序文付きで刊行し、世界に衝撃をもたらした。

6　レーニンが政権掌握、ケレンスキーはフランスに逃亡

十月二十五日、第二回全ロシア・ソヴィエト大会が開かれ、午後には臨時政府の主要施設・機関は軍事革命委員会の統制のもとに置かれた。大会は過去のものとは様変わりして、ボルシェヴィキが圧倒的な多数を占めていた。

二十六日、大会はレーニンが起草した「労働者、兵士、農民諸君へ」を採択可決し、権力の掌握を宣言した。歴史に残るロシア大革命の成立である。

『ロシア革命――破局の八か月』（池田嘉郎、岩波新書）は、レーニンが命じた冬宮襲撃で臨時政府閣僚が逮捕されたのは、十月二十六日午前二時一〇分と分単位まで書いている。

ケレンスキーは一日早く、二十五日朝、首都を脱出して姿を消し、フランスに逃れた。

十月革命は、武装蜂起による革命といわれるものの、銃撃戦が行われたのは、二十五日、臨時政府が置かれていた冬宮を占拠するさいに数時間行われただけだった。大規模なデモや流血事件もなく、二十六日のペトログラードでは商店やレストランも開かれ、オペラも上演された。

歴史的な記述では、ロシアで使われていた暦により十月革命と呼ばれるが、西洋暦より一三日遅れる。西洋暦の革命記念日は一九一七年十一月八日である。

第五章　内戦の勝利、飢餓とＮＥＰ、レーニンの第三インター結成

1　旧権力機構の全面解体――全ロシア・ソヴィエトが決定

革命の日、一九一七年十月二十六日、全ロシア・ソヴィエト大会は、権力を掌握したソヴィエト権力の行動綱領を決定した。

（一）ただちに停戦を実現し、ドイツとの単独講和を締結する、（二）地主や修道院などが所有する大土地を没収し、農民委員会に引き渡す、（三）軍隊・警察など過去の権力機構を解体し革命的機構に置きかえる、（四）プロレタリアによる生産統制を実施する、（五）憲法制定会議の選挙を予定通り行う。

革命政府の編成について、ボルシェヴィキ以外の諸政党はすべての党派が参加する「すべての社会主義者の政府」を望んでいたが、ボルシェヴィキはブルジョア臨時政府に参加していた党派との連立を拒否し、エスエル左派だけとの連立を要求した。ところがエスエル左派が二派だけの連立を嫌ったので、第一党のボルシェヴィキが単独で暫定政府を組織することになった。

この一党独裁組織は、憲法制定議会の選挙が行われるまでの暫定政府として認められたわけで、人民委員会ソヴナルコムと名付けられた。人民委員会はレーニン、トロツキー、ルナチャルスキー、スターリンなど一五名で構成され、全ロシア・ソヴィエト大会中央執行委員会の統制下に置かれた。

左派の人民委員会に対抗して、メンシェヴィキと右派エスエルなどが右派系の組織を結成し、臨時政府の継承を主張しようとしたため、武力衝突の危険をはらむ緊張した事態が生じた。

様々なきわどい対決のあと、エスエル左派は武力衝突を避ける一つの方策として、ボルシェヴィキとの連立受け入れに方針転換することを決め、十二月十日二党の連立政府が成立した。

2　待望の制憲議会で多数派獲得に失敗――レーニン、議会解体を指令

リヴォフ公の第一次臨時政府が提議し、全党派がこぞって早期の実現を望んでいた憲法制定

議会の選挙の実施が、暫定政府のもとで実施されることになった。選挙が実施された日付については、著書によってバラツキがあるが、ステファーヌ・クルトアの『全体主義の主導者レーニン』によると、選挙は一九一七年十一月二十五日ロシア全土で開始され、十二月九日に終わった。二十歳以上のすべての男女有権者九〇〇〇万人が参加できるきわめて民主的な選挙だった。投票率は五〇%を少し下回った。

結果の数字は、すべての革命史の記述がほぼ一致しており、ボルシェヴィキにとってきわめて厳しいものになった。ボルシェヴィキははじめ首都ペトログラードで優勢だったが、地方の結果が発表されるにつれて後退し、最終的な第一党は予想されたエスエル社会革命党が三八%の得票で獲得した。第二党のボルシェヴィキは二四%と大きな差をつけられ、エスエル左派と合計しても過半数を獲得することはできなかった。

そのほかの諸派は、カデット五%、メンシェヴィキ三%などだった。

この結果をみた人民委員会ソヴナルコムは、あらかじめレーニンが考えていた憲法制定議会の解散という荒療治をくだすことに腹を決めた。しかし憲法制定議会は合法的に選出された国の最高議決機関であり、いかに「すべての権力をソヴィエトへ」という聖なる目標があるにしても、暫定政府に過ぎない人民委員会が解散させるのは強引過ぎる。いたるところから非難が湧き起こり、西側諸国の社会民主党からも批判の声が上がった。

ソヴィエト中央委員会にも反対するものがいたが、レーニンは一切の妥協を拒んだ。トロツキーの回想録はその時のレーニンの断固とした態度を振り返っている（トロツキー『レーニン』光文社古典新訳文庫、一八八頁）。

1918年1月の憲法制定議会(ペトログラード、タヴリーダ宮)

一九一八年一月五日、選ばれた憲法制定議会が招集され、七一五人の議員のうち四一〇人が会場のタヴリーダ宮に集まった。ボルシェヴィキと左派エスエルはあわせて一五五人に過ぎなかった。

審議がはじまると議事の進行に不満を唱えるボルシェヴィキが退場し、つづいて左派エスエルも退場した。すると宮殿警備隊長が、夜通しの警備で疲れたという理由で姿を消し、会議は休会に入った。そのまま憲法制定議会はふたたび開かれることはなかった。

この暴挙にもかかわらず、批判するデモなど民衆の反対運動はほとんど発生せず、全体として黙認される情況が広がった。一月十七日、レーニンは『プラウダ』にいかなる手段を用いても労働者と農民の政府を守り抜くと決意を宣言した。

一月十九日正午、制憲議会の議場は赤軍護衛兵によって閉鎖され、議員は議場に戻ることができなくなった。労兵ソヴィエトと農民ソヴィエトの合同会議が開かれ、「ロシアは労働者、兵士、農民のソヴィエト共和国」であると宣言し、革命政府のすべての政策を支持することを表明した。

三月三日、現ベラルーシのブレスト＝リトフスクで、ドイツとの単独講和条約が締結された（ロシア暦二月一日に、西洋暦への切り替えが実施され、西欧世界との一三日のずれが解消された）。

エスエル左派は単独講和に強く反発し、ドイツに対する戦争を停止せずに、西欧革命のための闘争を継続するべきだと主張して、ボルシェヴィキとの連立からふたたび離脱することを決めた。革命政府は一党だけの政権となり、ソ連邦は共産党一党だけが支配するプロレタリア独裁の国家になった。一党独裁の国家は一九九一年のソヴィエト共産党の事実上の終焉まで七四年間存続した。

過激化したエスエル左派は、七月六日、ドイツ大使を殺害する事件を引き起こした。翌七日にはレーニン自身が、同派の女性に撃たれ負傷する事件も発生した。レーニン撃たれるの報を最前線の戦場で聞いたトロツキーは、回想録でレーニンの負傷が重症でないことを願った文章を書き残しているが、かつてレーニンが人の言うことを聞かないと反発してボルシェヴィキに加わらなかった時とは大いに異なり、偉大なレーニンを讃える言葉に溢れているのが興味深い（トロツキー『レーニン』二九一頁）。

ボルシェヴィキは、党名をロシア共産党に改め、首都をモスクワに移すことを正式に決定した。革命政府は帝政時代の王宮だったクレムリンを本拠にすることを決め、新体制が整えられた。

三月三日は、制憲議会解散の日以上に、レーニンの社会主義革命が強固に確立された日として記憶される。

3　内戦時代へ――日本を含む諸外国の武力干渉

一九一八年の前半は、レーニンの強権的な独裁政治に、すべての政治勢力が反発し、ロシア全土は武力衝突が頻発する厳しい内戦時代に突入した。

革命派赤軍の総指揮をとったのは、外相から陸海軍担当相に任命されたトロツキーだった。赤軍は共産党員や労働組合を中核にして、徴兵によって組織されたが、二月革命の時と同様、相変わらず逃亡する兵士が多く、反革命の白衛軍との戦いは苦しいものになった。

それに加えて、共産主義革命の成立に驚いたイギリスとフランスが、ロシアに派兵し、反革命の武力干渉を開始した。

日本も一九一八年八月十二日、連合国の要請を受けて、時の寺内内閣が東シベリアへの出兵を決定し、陸戦隊をウラジオストックに上陸させた。

アメリカは、連合国側に武器をふくむ支援物資を輸送する輸送船が、ドイツの潜水艦によってつぎつぎ撃沈されることに憤激したウィルソン大統領が、はじめてのヨーロッパへの派兵に踏みきった。二〇〇万にのぼる大軍が、主としてフランス領の西部戦線で、十一月の終戦までドイツ軍と戦ったが、終戦とともに引き揚げたので、ロシアでの列強による反革命の干渉に直接関わることはなかった。

トロツキーが指揮をとる、にわかづくりの赤軍は、革命防衛の大義に燃えて戦った。一九二〇年のうちに、ほぼ危機を脱するところまで漕ぎつけ、諸外国の派遣軍は引き揚げたが、日本は一九年に政権についた原敬首相が、東シベリアの支配をもくろんで居残りをはかった。しかし国際的な非難を浴びるところとなり、二二年中にすべての派遣軍を引き上げた。

赤軍が未熟な戦闘力にもかかわらず勝利を収めることができた理由については、まずはトロツキーの戦闘指導力が評価されるが、トロツキーの闘い方はきわめて残忍で、虐殺や皆殺しを繰り返し恐れられた。さらに外国干渉軍に対する赤軍の善戦ぶりが、次第にロシア民衆の愛国心を呼び起こす結果になったことも指摘される。これに対し諸外国の兵士には聖なる目的はなく、戦う意欲がまったくみられなかった。

四年にわたって続いた内戦は、戦闘行為による死傷者に加えて、農村の荒廃と激しいインフレ発生による被害が大きかった。この時期、餓死者七五〇万人をふくむ死者八五〇万人という数字が残されている。

民主的な手続きにより選ばれた制憲議会を、力づくで解散させたボルシェヴィキの暴力的な行動は、民主主義を理解しないレーニンのプロレタリア独裁が犯した政治的誤りの、もっとも重大でもっとも具体的な事例として、歴史に記録されることになった。

もう一つ重要な独裁政治の事例が革命直後から実行された強制収容所の設置である。カレール＝ダンコースによると、一九一八年の夏から、階級の敵に対する赤色テロが盛んになり、不都合な逮捕や裁判なしの処刑が日常化し、九月四日には強制収容所の設置が布告された。

モスクワ郊外のスモルヌイ修道院の領地には党幹部の秘密のクラブがあったが、十月革命から数ヶ月しかたたない頃から、ここに反革命分子や思想犯を収容して容赦ない迫害を加える施設がつくられ、事実上最初の強制収容所になった。

クルトアによると、この時期七つの収容所が開設され、五万人が収容され多くは命を奪われた。女子供の虐殺まで行われたという（『全体主義の主導者レーニン』三六〇、四一八頁）。

赤色テロの背景には、十月革命直後からレーニンが組織した「チェカー」と呼ばれた統制機関の存在があった。レーニンはボルシェヴィキ党の軍事委員会のなかに、「反革命、破壊活動、投機と闘う全ロシア臨時委員会」(チェカーは各単語の頭文字を並べた通称)を秘かに創設した。チェカーは無制限といえるほど強力な権限を与えられ、反革命のあらゆる動きを監視し、摘発して裁くことを任務とした。はじめは二〇人の小さな組織だったが、わずか一年ほどで三万人の大組織に膨れ上がり、数々の弾圧事件を歴史に残すことになった。

レーニンの赤色テロは、一九一七年三月に退位し、ウラル山中のエカチェリンブルグで流刑生活を送っていたニコライ二世の家族七人全員を射殺する悲劇的な事件に及んだ。皇帝派が一族を救出する逃亡計画を画策しているという噂が流れたため、レーニンはロマノフ王朝の血筋はすべて抹消しなければならないと主張した。トロツキーは裁判を行って皇帝の暴政を暴くことを望んだが、一八年七月十六日、チェカーの死刑執行部隊が流刑地に送り込まれ、皇帝一族だけでなく、従者などの関係者全員が射殺された。その数は百人に及ぶという。

ロシアの十月革命は、すでに詳述してきたように、激しい銃声を聞くことなく、『世界を揺るがした十日間』の革命政府が成立したのであるが、その後の二年間の血塗られた闘争こそが暴力革命の真実の姿を具現するものといえるのである。

4　飢える国民——食糧徴発に農民反乱

革命政府成立後の最大の課題は、飢える国民に食べものを与えることだった。西欧世界で学んだレーニン主義は、革命のパワーを提供してくれた農民に報いる農業社会主義の理論はまったくもち合わせなかった。

一九二〇年から二一年にかけて、食糧危機はきわめて深刻なものになり、革命政府は二一年二月、農村での食糧徴発を発動せざるをえないところまで追い込まれた。穀物の徴発が開始されると、いたるところで農民の反乱が発生した。輸送車が襲われ徴発した農産物が奪い返され、派遣された部隊が農民側に寝返る事件も相次いだ。村ぐるみの反乱は燎原の火のごとく全国に広がった。

二月二十三日、ペトログラードの冶金工場で、スト中の労働者が、就労を説得にきた組合指導者を殺害する事件が発生した。二十八日には騒動はペトログラードの軍港クロンシュタットにおよび、エスエル系のコミューンが結成され、共産党のソヴィエトからの解放と自由選挙の実施をスローガンに掲げた。

共産党の支配を拒否する同じような動きが各地で頻発し、少なからぬ共産党員が虐殺された。

三月八日には、精鋭部隊がクロンシュタットに派遣され、一〇日間の激戦ののちようやく反乱を制圧した。

この騒動の時代に、レーニンやスターリンよりひと世代若い共産党の活動家が新たに登場してきた。代表的な人物が、のちにスターリン時代の外相として名を残したモロトフである。

モロトフ、1917年頃
(1890-1986)

ヴァチェスラフ・モロトフはレーニンより二十歳も若く、一九〇五年の「血の日曜日」の時代に目覚めた第一世代の革命家からみれば、「遅れてきた青年」だった。ロシア正教の農村地帯の分派ヴァージョンともいうべき古儀式派のルートをへてボルシェヴィキに加わった。

食糧危機をめぐって共産党支配に対する不信が高まっていた時期に、レーニンは共産党によるプロレタリア独裁の確立こそ危機を打開する道であると主張し、党中央に雑多な分派思想の一掃を担当する組織を設置した。その筆頭書記に選ばれたのが、スターリンが推薦するモロトフだった。モロトフが命じられた最初の仕事は農村危機への対応だった（下斗米伸夫『ソビエト連邦史』講談社学術文庫、六八頁）。

一九二一年三月に開催された第十回党大会は、農民からの要求で食糧徴発をやめて、食糧税を導入する新経済政策を取り入れた。レーニンは、NEP（ネップ）はボルシェヴィキの本来の理念に反する市場経済への妥協であり、一時的な戦術に過ぎないと述べ、モロトフも一刻も早く克服すべきボルシェヴィズムの後退であり、「二年間で廃止する」と明言した。

一九二二年、文豪ゴーリキーら文化人や経済学者が「全ロシア飢餓救済委員会」を立ちあげて、政治解決をはかることを提唱したが、グループに反ボルシェヴィキが加わっていたこともあって、共産党中央が受け入れず解散命令がくだされた。レーニンが主導する共産党は、飢餓時代を克服する方策を見出すことができないまま迷走を続けた。

一九二一年、レーニンは病に倒れ、二二年には指導的活動が難しくなった。

一七年二月革命の時期には、「労働者に工場を、農民に土地を！」というスローガンのもとに、一時的に大土地所有を解体して農民に分配したりしたが、レーニンの社会主義農業政策の模索は、後継者スターリンの時代に継続されることになった。

5　大産業の国有化とNEPによる中小企業の自由化

「工場を労働者に、土地を農民に！」と叫んだレーニンの社会主義化政策で、産業政策の方はどのように進められたのだろうか。混迷を克服できなかった農業政策に較べて、産業政策の方はより理論的な統制のもとにすすめられた。

一九一七年十月二十六日の革命政権樹立後、最初の行動綱領に書きこまれたのは、農業は大土地所有を解体して農民に引き渡すことであり、工業はプロレタリアによる生産統制の実施だった。

十一月十四日に「労働者統制令」が公布され、工場労働者が組織内に委員会をつくり、資本家の経営を管理統制する体制がとられた。これは将来、資本の私有制を廃止し労働者の自主的管理にすすむ第一歩と受け止められた（廣松渉『マルクスと歴史の現実』二八七頁）。

一九一八年六月二十八日、国有化令が発布され、大企業の国有化が開始された。

NEP新経済政策と貨幣の導入

農業社会主義化の迷走と同じような混乱が、中小企業の改革でも発生した。上からの国有化は、経営意欲を失わせる好ましくない弊害をもたらした。クロンシュタットの反乱など多くの反共産主義の反乱に遭遇したレーニンは、早い時期から原理主義者の反対を押し切って、農民をふくむ自営小生産者との妥協を考えていたといわれる。

NEP（以下ネップ）新経済政策のもと、二一年七月、二〇人までの私企業が認められ、十二月には一〇人までの経営も民営化された。レーニンが死んだ二四年には、私企業の工業生産が全体の中で占める割合は、三分の一に達していたといわれる（廣松渉、前掲書、三〇七頁）。社会主義経済もあらゆる場面で、物資交換のための通貨を必要とする。ブルジョア通貨の廃止を主張した革命政府は、社会主義通貨の名のもとに通貨の発行を行わざるをえなかった。

政府はネップの開始にあたって、効率的な通貨政策を行うため、一九二一年十月十二日、国営銀行を創設した（マルクスは『コミュニスト宣言』のなかで共産主義社会で国有化されるのは、国営銀行と国有鉄道だと述べている）。

革命後最初に発行された政府債ソヴズナーキは、現物交換にかわる信用を獲得することができなかった。二二年十月二十四日、政府は新通貨チェルヴォーネツを発行することを布告した。この通貨は国営銀行の金によって価値が一部保証されていた。

先の話になるがこの新通貨制度は一九二四年の通貨改革で廃止され、かつてのルーブルが復活し、一チェルヴォーネツは十ルーブルで交換された。

はじめのうち国営銀行は、農村銀行や電力銀行など多くの業種別銀行と混在していたが、それも次第に整理されて中央銀行の権威が強化された。ルーブルの信頼回復は目覚ましく、給与の貨幣による支給も全面的に行われるようになった（廣松渉、前掲書、三〇八、三〇九頁）。

ネップの農業や中小企業への妥協的な政策と並行して進められた経済の貨幣化政策は、原理主義者から市場経済へ逆戻りする誤りとして攻撃されたが、レーニンの指導部は動じることはなかった。

大企業の国有化は言うまでもなく遂行された。死滅する国家に替わってプロレタリア独裁が国家の位置に置かれるというレーニン主義のもとでは、すべての基幹産業は国有化されることになる。

レーニンは西欧に革命が波及し、内外の反革命勢力に抑圧されるロシア革命を救い出してくれることを期待し、世界革命を叫び続けた。まだ元気だったレーニンは、カウツキーら修正主義者の第二インターが社会主義復活の模索を開始しはじめたのをきっかけに、第三インターの結成を決断した。第三インターの本格的な活動開始とフランス共産党の動静についての詳細はこのあと第二部で取り上げる。

レーニンの死後、その未完の革命は、トロツキーとの権力闘争に勝利したスターリンによって引き継がれた。スターリンはレーニンが叫び続けた世界革命論から大きく政策を転換し、一国社会主義の建設に切り替えた。

マルクスの名を借りたプロレタリア独裁のもとでの全産業国有化政策は全面的に実施された。レーニンの死から四年後、一九二八年から開始された第一次五ヶ年計画で開発独裁国家としての政策が確立され、マルクス・レーニン主義への看板のかけ替えも行われた。革命から七四年後に行き詰まり消滅する国家の運命の船出である。

第二部　徹底解剖・レーニン主義

第一章　「マルクス・レーニン主義」という思想はありえない

1　マルクスとレーニンは水と油

レーニンはマルクスの名を借りて自らの権威づけをはかり、レーニンの死後スターリンはマルクス・レーニン主義というニセ看板を喧伝した。世界は社会主義ソ連はマルクス主義の国であると信じて疑わなかった。

『国家と革命』はレーニンが革命前夜に執筆した革命戦略の書である。執筆終了直後の十一月、レーニンが率いるボルシェヴィキは、世界ではじめての共産主義を目指す革命に成功した。

ここの分析をより深く理解して頂けるように、二つの文章を用意した。第一は小著『二〇五〇年、未来秩序の選択――「アングロサクソンの時代」から「地球協同体」へ』（NHK出版）の第八章の1で書いた「マルクス・レーニン主義という虚像」の抜粋文である（本章2〜4）。

二つ目はマルクスの革命思想形成に少なからぬ影響を及ぼしたフランスの社会思想家プルードンについて論じたものである。プルードンの国家否定論は、最終的にレーニンが固執する「国家消滅」論を誘発した原点ともいえるものだ。

2 「マルクスは国有化経済を考えたことはない」

マルクス主義の国、ソ連が崩壊したのだから、マルクス主義も終わったのだと思い込んでいる人が、いまだになんと多いことか。それはまったく間違っている。なぜか。答えは簡単かつ明瞭だ。ソ連は一〇〇%、マルクスが考えた国ではなかったからである。ソヴィエト社会主義共和国連邦といえば、売り物は全産業の国有化による計画経済だったが、マルクスはコミュニズムが産業国有化経済であるとは、ひと言も書いていないのだ。

私は早くからソ連が理想の社会主義国家であるという幻想から脱け出すことができた。それは大学の同級生だったマルクス思想の権威、廣松渉（東京大学名誉教授・哲学、1933.8.11–1994.5.22）との親交によるところが大きい。廣松と私は、一九五五年に東京大学に入り、入学から一ヶ月もたたないうちに、文化サークルの歴史研究会で知り合った。はじめて扉を叩いて部室を訪ねた時、二〇人ほどの学生に囲まれてどっかりと腰を下ろし、しゃべりまくっている男がいた。入学したばかりの廣松が早くもその場を仕切っていたのだ。

廣松と私は同じ昭和八年（一九三三）生まれ、双方の住まいが世田谷の豪徳寺の近くだったこともあって、駒場の教養学部の二年間は毎日のように語り合う仲になった。いや、語り合うというよりは、一方的に彼の哲学を聞かされたといった方が正確だ。

一九五五年のある日、彼が言った。「ソ連はマルクスが考えた国ではない。マルクスは全産業の国有化などということは、どこにも書いていない」。驚いて振り返ると彼はつづけた。「ソ連はもう一度、革命が必要だな」。

五五年といえば、五三年のスターリンの死と、フルシチョフがスターリン批判の秘密報告を行った五六年の真ん中の頃である。廣松は当時、大月書店から出版されていた分厚い二〇数巻の『マルクス・エンゲルス選集』全てを隅から隅まで読みつくしたことを自慢にしていた。必要なところは、文章を頁数つきで丸暗記していた。マル・エン選集にかぎらず、彼の博覧強記は恐るべきものだった。私と二人きりの時、「俺は世界中のマルクス哲学者のなかで一番マルクスを読みこんでいる自信がある」と口にしたこともある。

3　マルクスのコミュニズムは〝搾取なきアソシエーション(協同体)〟

マルクスは革命によってつくり出される社会を「協力体」(『共産党宣言』岩波文庫)と呼んでいる。独英仏の原語はいずれもassociationだ(ドイツ語だけassoziationと、スペリングがzの一字だけ異なる。廣松は「協力体」を「協同体」と訳している。この方がふさわしいと思うので、以下協同体と訳する)。マルクスはそれがどのような社会であるかについて、「階級のない、したがって搾取もない、民主的で自由な社会」という以上に多くのことを語っていないが、同書で、協同体がとるべき政策十項目を挙げている。

十項目のなかに、独占的な国立銀行によって信用を国家の手に集中する、および運輸機関を国家に集中するという、国有化に関連する二項目がある。国立銀行と国有鉄道は現代の自由主義経済の国でも一部に残る性格のもので、全産業の国有化とはまったく異なるものだ。

ソ連型共産主義の半永久的な全産業の国有化は、廣松がいう通り、マルクスのテキストにはまったく見当たらない。ましてや永続的な一党独裁という、民主主義とは相いれない政治制度や、政治思想を抑圧する強制収容所などは、個人の自由を尊重する「協同体」とは、縁もゆかりもないものである。

ソ連がマルクス主義を看板に高く掲げながら、それとはまったく異なる方向に進んだ原因はどこにあるのか。われわれはスターリンの恐怖政治や「悪の帝国」の実態については多くの事実を耳にタコができるほど聞かされている。けれどもすべてをスターリンの誤謬ということにしたり、スターリンの異常な資質に責任をかぶせて結論とするわけにはいかない。ロシア革命の原点にまで立ち戻って検証する必要があるのだ。

4　フランス思想界は一九九〇年代の早い段階からレーニンの誤りを批判しはじめた

フランス共産党を脱党した社会思想家フランソワ・フュレは、大著『幻想の過去』で、「レーニンは単純なマルクス主義に凝り固まり、ロシアのプロレタリアの革命的独裁は、あらゆる既存の民主制度より、はるかに民主的であると固く信じていた」とレーニンの誤れる思い込みを指摘した。フュレはさらに同時代のドイツの革命家ローザ・ルクセンブルクを引用し、ローザは「きわめて早い時期から、レーニンの思想のなかに一党独裁の気配を感じ取っていた」「一九一八年、官憲により獄中で殺害される頃には、（ローザは）ドイツ革命に関してレーニンとはいかなる幻想も共有していなかった」と書いている。

ソ連帝国の崩壊をはやくから予言したエレーヌ・カレール＝ダンコースも、『レーニンとは何だったか』で強制収容所によって思想弾圧を行ったレーニンの政治を犯罪的なものと手厳しく批判した。

間違っていたのはマルクスではなくレーニンだ

もっとも鋭く切り込んでレーニンを批判したのはジャック・アタリだ。アタリは邦訳五八四頁の大著『世界精神マルクス』(二〇〇五年。邦訳藤原書店、二〇一四年)でロシア革命の年代を追いながら、レーニンがマルクスの名を使って、マルクスの考えとは異なる政策を実行したとする実例を列記している。

一九一八年五月、レーニンは農業と工業に対する国家独占を目指して、大企業を国有化し、農業を集団化した。

一九一八年、反革命勢力との戦闘が継続し、経済が極端に悪化するなかで、レーニンは資本主義的な私有を一時復活する新経済政策(NEP)を取り入れた。しかしレーニンは、プロレタリア独裁は反革命を阻止するための一時的なものとする『コミュニスト宣言』の文言を無視し、産業の国有化政策を続行した。

一九二四年、レーニンが病で不帰の人となると、スターリンが後継者となり、やがてトロツキーを追放して全権を握った。二〇年代の後半になるとスターリンは、マルクスとまったく関わりのない「産業国有化」政策を、マルクス・レーニン主義という呼称をつけて宣伝した。

フランスにおけるレーニン批判は、もっぱら選挙で成立したばかりの制憲議会を力ずくで解散させたり、革命直後から強制収容所をつくったりした非民主的な暴政を批判するものだったが、アタリははじめて思想の基本的な領域に踏み込み、産業国有化政策の誤りを取り上げ、「間違っていたのはマルクスではなくレーニンだ」と断定したのである。

マルクス・レーニン主義の虚像が世界を覆った

レーニンはマルクス主義の旗を掲げ、世界のコミュニストを第三インターナショナル（コミンテルン）のもとに結集し世界革命を目指した。世界は、ソ連はマルクス主義にもとづく社会主義国家であると思い込まされた。ソ連の虚像は地球を覆い、いまだにその痕跡をいたるところに残している。

スターリンはレーニンを神格化し、マルクス・レーニン主義と看板をかけかえた。ロシア革命からソ連崩壊までの七四年間、ソ連はマルクス主義の国という考えは、世界中で万人の脳髄に叩きこまれてしまった。コミュニストも、その敵対者も、マルクス主義とは国有化経済であると思い込んだのだ。人間の集団的な思い込みは、歴史として後からみると信じがたいほどたやすく伝播し、拡大し、定着する。われわれの周辺には同じような思い込みの実例が、いたるところに存在する。

共産主義を放棄したロシアは、暴政のスターリンを否定したが、レーニンについては歴史に残る指導者としての評価を公式には変えていない。レーニン崇拝の聖なる場所、クレムリンのレーニン廟にレーニンの遺体は今もそのまま残されている。レーニンを完全に断ち切らないかぎり、ロシアの自由主義化は完成しないのである。（抜粋文おわり）

レーニンの亡霊は、共産主義から離脱したロシアの現大統領プーチンにもつきまとい、隣国ウクライナに武力で侵攻し暴力で民衆を苦しめている。

5　マルクスとプルードン――独仏の大物思想家の激突

レーニンの暴力革命の思想的な根源は、マルクス、エンゲルス、それに同時代に活躍したフランスの社会思想家プルードンの、三つ巴の国家論論争まで遡ることができる。

ピエール・プルードン（1809.1.15–1865.1.19）はフランスの思想家であるが、ドイツのカール・マルクス（1818.5.5–1883.3.14）とほぼ同じ時期に活躍した。マルクスは独仏の社会主義者の交流をはかる『独仏年誌』の発刊を企画して、一八四三年パリに乗り込み、すでに著作活動で活躍

プルードン
（1809-1865）

マルクス
（1818-1883）

していたプルードンと知り合った。

プルードンは四〇年に「所有とはなにか」と題する論文で「所有とは盗みである」と喝破し注目をあつめた論客だ。プルードンには型破りな発想が多く、生真面目なマルクスは、プルードンの大胆な発言に大いに衝撃を受けたようだ。それでも二人は大いに意気投合し活動をともにした。

プルードンは一八四六年、現代の邦訳本上下で一二〇〇頁を超える大著『貧困の哲学』を出版し、国家、教会などあらゆる権威を否定するプルードン思想を、全面的に展開した。この書のサブタイトルは「私は破壊する、そして私は建設する」という旧約聖書『申命記』の言葉である。しかしプルードンは共産主義についても、プロレタリアによる権力主義であると批判し、否定する立場だった。この考えはマルクスの逆鱗にふれ、二人のあいだは険悪なものになった。

マルクスとエンゲルスは、四七年に発表した『コミュニスト宣言』(『共産党宣言』岩波文庫、八八頁)で、プルードンを「ブルジョア社会主義者」とののしり、革命を否定し、プロレタリア抜きのブルジョア支配を擁護するものと切り捨てた。

さらにマルクスは同じ年に、『貧困の哲学』を徹底的に批判する『哲学の貧困』を上梓した。それ以後二人は事あるごとになじり合うが、直接話し合うことはなかった。

しかし国家を否定するプルードンの奔放でひらめき豊かな発想にはマルクスも大いに刺激を受けたようだ。とりわけアソシエイト・協業する民衆運動を提唱する発想に注目し、『コミュニスト宣言』にもアソシエーションという言葉を取り込んだ(『共産党宣言』七八頁。岩波書店版翻訳は「協力体」であるが、既述のように廣松渉訳の「協同体」を使用する)。

ただしマルクスのアソシエーションは、プルードンのものと言葉は同じでも、コンセプトはまったく異なる。マルクスの場合は、革命後の階級と搾取なき社会を意味する国家規模の想定である。

6　プルードンはなぜマルクスほど注目されないのか

プルードンの発想はきわめて個性的で独創性に富んでいるが、マルクスの世界革命を視野に入れた教祖的な要素に欠けるところがある。マルクス主義のような世界的な視野の広がりをもつ思想としては力不足だった。

とくに日本ではプルードンの研究書はごく限られたものしかなく、注目を集めることが少なかったが、二〇二〇年になって、的場昭弘がマルクスの『哲学の貧困』を訳出し（作品社）、同書でプルードンについての詳細な解説を書いた。『未来のプルードン』（亜紀書房）も出版したことから、プルードンの人物像と思想が全面的に紹介された。

マルクスとプルードンを読み較べると、体系的で秩序立ったドイツ的発想と、奔放でひらめき豊かなフランス的発想との対照が面白い。

プルードンの売りものであるアソシエーション思想は、しばしばコミュニティ「共同体」と比較し論じられる。プルードンは『貧困の哲学』で二つのコンセプトを次のように説明する。「結婚（という制度）は共同と協同を区別する機会を与えてくれた。夫婦は心情と知性で完全に結合していても、財産では互いに分離し、それと同時に居住と家事では共産主義的でありうるし、互いの交わりにおいては協同的でありうる」(『貧困の哲学』下、平凡社、二〇一四年、三九八頁)。

謹厳なマルクスにとってこのような発想はとんでもないことだろう。日本人にしてみれば、二つの単語はたまたま発音が同じであるため問題はさらに複雑になるので、プルードンによる具体的で分かりやすい説明はありがたい次第である。

ピエール・ジョゼフ・プルードンは、一八〇九年一月十五日、ブルゴーニュ地方のドイツ寄り、フランシュ＝コンテのブザンソンで貧しい醸造職人の家庭に生まれた。ピエールは五人兄弟の長男だった。

貧しさゆえに学校に行くことも難しかったピエールは、頭脳明晰で向学心に燃えていたため奨学金を与えられ専門学校に入ることができた。しかし親への仕送りなどのため学業をつづけることができず、印刷工として働くことになる。印刷関係の仕事を転々としながら四〇年に発表した、先述の論文「所有とはなにか」が評判になり、篤志家シュタール夫人の高額の奨学金を受けることになった。一息ついたピエールは大学入学資格バカロレアに合格し、一八三八年にはパリに出てソルボンヌ大学で経済学や哲学の講義を聴くことができた。

先述のように四三年には、パリに出てきたマルクスと知り合い交流を深めた。プルードンといえば、日本では国家廃絶を主張する無政府主義者という説明が一般的だったが、反国家の無政府主義はブランキの主張であって、プルードンは国家の廃絶というより、国家の権威を否定し、その存在を無視する思想だ。

プルードンは人間の社会行動が、個人ベースのものから、協同するアソシエーションに向かう時代になったとみる。国家の権威を否定するプルードンは、人間社会が自然に共生関係にすすむことを妨げる国家を排斥したのである。プルードンのアソシエーションとしての社会活動は、国境を越えて活動することは大いに可能であるが、それが国家の代替え機関になることはありえない。

これに対しマルクスのアソシエーション協同体は、階級としての資本による搾取を否定する理想的な国家の姿だった。マルクスはプルードンのアソシエーションという言葉から何ものかを感じ取り、翌年の『コミュニスト宣言』で「アソシエーション」の名称を頂戴して取り入れた。ただしプルードンとはまったく違ってコミュニズム国家の未来像として協同体を描いた。

プルードンは意図的に国家を無視して協業をすすめるため、社会レベル、市場レベルで、協業作業を展開することになる。一方マルクスはプロレタリア革命で搾取する国家の廃棄を目指した。

プルードンのアソシエーションは今日でいう協同組合活動として、国境を越え国際的にも広がった。マルクスのアソシエーションは、階級と搾取のない国家を目指すことによって世界の革命思想として発展した。つまりプルードンが体制内の市民活動にとどまるのに対して、マルクスの体制破壊の革命思想は世界を揺るがすことになったのである。

7 エンゲルスの国家死滅論

エンゲルスは一八八三年のマルクスの死からわずか一年後に、『家族、私有財産、および国家の起源』を発表し、革命によってブルジョアの権力装置である国家は死滅するという独自の考えを主張した。マルクスは生前、国家の死滅を論じたことはないが、国家としてのアソシエーションを想定していることから、革命で搾取する国家は消滅しても、ほかの役割を担う国家は存続すると考えていたことは想像できる。マルクスとエンゲルスに、プルードンも加わる革命と国家をめぐる三つの異なるコンセプトが示されたわけである。

マルクスの革命論は、フランス大革命のあと、一九四八年の二月革命、七一年のパリ・コミューンとつねにパリを舞台にして展開された。この主戦場を地元フランスの思想家とはいえプルードンの反共産主義に渡すわけにはいかなかった。マルクスが『哲学の貧困』で、必要以上に執拗で激しいプルードン攻撃を書いた一つの理由はそこにあったのだろう。エンゲルスの国家死滅論も多分にプルードンに対する対抗意識の産物といえそうだ。

それから三〇数年後、革命の成功を目の前にしたレーニンは、エンゲルスの国家死滅論に国家権力打倒の可能性をみて取り込み、死滅する国家に替わって、プロレタリア独裁を国家の位置にはめこむレーニン独自の考えに到達した。

しかし、プロレタリア独裁は政治支配の一形態で、支配機構としての国家とは異なる性格のコンセプトであり、ここからレーニンの誤りはスタートすることになった。**レーニン主義は民主主義とは相いれない、独裁政治・全体主義の道に踏みこんだのである。**

エンゲルス
(1820-1895)

第二章　マルクスはアソシエーション（協同体）実現の道筋は語らずに『資本論』の仕上げに没頭した

1　マルクスは『資本論』第一巻を完成、剰余価値論を仕上げる

『国家と革命』でレーニンが主張した国家死滅論と国家に替わるプロレタリア独裁制については、次の第三章で詳細に取り上げるが、その前に若干問題を整理しておきたい。

マルクスは『コミュニスト宣言』で、階級および階級による搾取なき社会、国家としてのアソシエーションを、プロレタリア革命の目標に掲げたが、その実現の筋道についてはほとんど語っていない。

マルクスは共産主義の未来像についていくつかあいまいな表現を残しているが、マルクスに

とっても未来像を語る積極的な材料は、まだ初期の発展途上にあった十九世紀の資本主義から読みとれる段階ではなかったに違いない。マルクスが世紀の後半に取り組んだのは、資本主義が上昇期の発展と同時につくり出す格差と貧困という矛盾を追及することだった。

マルクスは一九六七年に『資本論』の第一巻を書き上げ、その最終章で剰余価値論を完成した。資本主義は資本の本質である、かぎりない欲望に駆られて大競争時代に突入し、その結果、抱え込む矛盾が爆発して終焉の日を迎えるという、今日のリーマン・ショックを予見する結論に到達したのである。

マルクスの『資本論』第二巻と第三巻は、メモを残したまま未完で終わり、エンゲルスが仕上げることになるが、マルクスの基本的な資本主義観は第一巻で十分に語りつくされている。

プルードンは権威主義的な支配機構としての国家を無視して、協同する自主管理社会アソシエーション（協同体）を提唱した。マルクスはアソシエーションにヒントを得て、搾取なきアソシエーションにコミュニズム国家の将来をみた。

エンゲルスはアソシエーションは取り上げずに、国家の暴力的な廃絶を目指し、ブルジョアに替わってプロレタリアが権力を掌握する自治機構（Gemeinwesen）を考えた（共同体と訳されるGemeinschaftとは異なる：筆者注）。Wesenはコミューンと同様な自治機構のことで、アソシエーションとそれほどかけ離れたものではない。

三〇数年後にプロレタリア革命の成功を目の前にしたレーニンは、エンゲルスの国家死滅に、プロレタリア独裁を導入する絶好の突破口となる可能性を発見した。レーニン流の過激なプロレタリア独裁が登場することになる。

2 レーニンの死後スターリンは全権掌握、マルクス・レーニン主義という偽りの看板をかかげた

一九二四年、レーニンの死去のあと、レーニン主義は二つの大きな流れとなって展開した。一つは後継者スターリンが率いるロシアにおける国有化経済の建設である。もう一つがレーニン存命中に世界革命を目指して結成された第三インターナショナルのフランスを中心とする西欧の共産主義運動の展開である。

陰険かつ緻密なスターリンにとって、赤軍総司令官として有能であったが、権力闘争は不得手なトロツキーを制圧することは、それほど難しいことではなかった。

権力を掌握したスターリンは、レーニン主義革命を西欧に拡大するよりも、成功したロシア革命の防衛に集中する「一国社会主義」を主張し反スターリン派と対決した。

スターリンと同調者ブハーリンは一九二七年までにトロツキーら反対派の制圧に成功し、一九二八年、スターリン体制は確立した。

囚われの身となったトロツキーは、一九二九年トルコ経由で国外に脱出し、亡命することになった。トロツキーは第四インターを設立するなど、反スターリンの活動を続けたが、スターリンが送り込む刺客に追い回され、一九〇〇年メキシコの隠れ家で暗殺された。トロツキストという言葉は、すべての共産党反主流派に浴びせる蔑称になった。

一九二八年、スターリンは国有重工業の全面的な展開をすすめる第一次五ヶ年計画を発表した。補佐役にはモロトフが仕え、同僚のブハーリン派も参画した。

晩年のレーニンと、スターリン。1922 年

同時に農業の国有化も集団農場コルホーズの建設によって進められた。工場労働者にはノルマが科され、農民からは食料の厳しい徴発が行われた。両者からの苛酷な搾取による資本の集積で、産業国有化政策は高い成長率で成果をあげ、五ヶ年計画は四年で目標を達成した。

一九二九年の株式大暴落で混乱する資本主義社会をしり目にかけて、一九三二年、予定より一年早く第二次五ヶ年計画が発表された。

スターリンからその後継者の時代に、ソ連邦は重工業国有化政策を発展させ、大陸間核ミサイルの開発で、アメリカと肩を並べる覇権国家にまで上り詰めた。

二つの世界戦争を経て最大の富裕国に発展したアメリカは、新自由主義のもと豊かな大衆消費社会を実現し、最強の軍事力を備えた覇権国家を確立した。

一方ソ連の国有化経済には限界があり、ロシア国民の幸せを築く豊かで自由な社会を築くことはできなかった。一九八九年、東ドイツの自由を求める民衆の願いが、ベルリンの壁を超えて溢れ出した。

これをきっかけにソ連圏諸国の国有経済の矛盾が一気に表面化して、覇権国家の消滅という稀有な事態に立ち至ったのである。一九一七年の革命から七四年後のレーニン主義の末路である。

3　レーニンの第三インター成立と挫折

マルクス・エンゲルスと無政府主義者たちの論争の時代から、三、四〇年後に登場したレーニンは、とりわけパリに居住した四年間に西欧の革命論を学んだ。レーニンは、戦争で混乱する農民の国に最先端の西欧革命思想を持ち込み、権力を奪取することを目指した。

レーニンもトロツキーも、ロシア単独での革命は周辺のブルジョア国家からの反革命の攻撃に晒される可能性が大きいとみて、西欧世界に革命が波及することを期待し、その組織化を企んだ。

ドイツ系の〝修正主義〟に支配された第二インターと違う一〇〇％レーニン主義を貫く第三インターの結成が急がれた。早くから第三インターの構想を抱いていたレーニンは、一九一九年一月、設立のための国際会議をモスクワに招集することを決断し、招請状をヨーロッパと北米の選ばれた三九の社会主義政党や革命グループに送った。

レーニンは大会のために「プロレタリア独裁」を力説する論文を書き、設立宣言はトロツキーが筆をとった。参加者の多くはロシアのボルシェヴィキで、ジノヴィエフ、ブハーリン、スターリンなどの名前が記録されている。

設立総会は、三月二日から六日まで、五一人の代表が参加して開かれた。議長に選ばれたレーニンは、一部の反対を押し切って、第三インターとしての行動を開始することを決定した。ロシア革命はまだ早すぎると一貫して主張していたローザ・ルクセンブルクは、成立したばかりのドイツの社会民主党政権に捕らえられ獄中で虐殺される前、同僚を介して、第三インターの設立を止めるようレーニンに申し入れたという。

第三インターは発足したとはいうものの組織化が不十分で、影響力のある活動を開始することができず停滞した。

レーニンは活を入れるため、一九二〇年七月にやり直しの第二回第三インターナショナル大会をペトログラードに召集した。大会は七月二十一日からタヴリード宮殿で開かれた。第一回の設立大会が寄せ集めの少人数であったのにくらべて、第二回は大幅に代議員数が増えて、三七ヶ国、六七組織からの二一七人に達した。

会議はレーニンが議長をつとめ、ブハーリンとラデックが補佐した。会議では主としてドイツ語が使われたが、ロシア語、フランス語、英語も採用され、国際化が進んだ。

会議は途中から会場をモスクワのクレムリンに移し、**議長のレーニンが要求したプロレアリア独裁の下での二一ヶ条の厳しい行動原則をほぼ満場一致で可決した。**第三インターは中央の指導の下で、国ごとの支部が結成され行動することが決まり、八月七日、一七日間に及んだ会議は終わった。

レーニンはこの時点でまだ、ロシア革命が西欧に広がることを確信していたという（カレール＝ダンコース『レーニンとは何だったか』四七一頁）。

しかし一九二〇年九月、イタリアの社会主義革命が挫折し、ドイツとポーランドで勢いづいた労働者の革命的行動は、独立心がきわめて強くしばしばロシア赤軍と武力衝突し、二一年三月には衰退することになった。

演説するレーニン。1920 年

西欧での革命運動の後退とは逆に、第三インターの第二回大会には、アジアからの代議員がはじめて参加し、それまでの欧米優先の革命論議にかわって、植民地の民族代表の発言が目覚ましかった。植民地にはまだプロレタリアは存在していなかったので、民族ブルジョアジーが宗主国の帝国主義と闘うことによって世界革命に貢献するという主張だった。レーニンは両者の中間で妥協をはかることで事態を治めた。

西欧での社会主義運動の後退によって、第三インターの西欧革命への期待は薄れ、レーニンも国家権力掌握に唯一成功したロシア革命を守ることに注力することを迫られた。

一九三三年、ヒトラーのナチスが、政権を獲得しヨーロッパ全土に全体主義を強要する侵略戦争を開始する。第三インターを中心とする社会主義勢力は戦争阻止に躍起になるが、各国で燃え上がる反ナチスのナショナリズムの激流に巻き込まれて、戦争阻止に役たたずの存在になり、一九四三年、戦時中に解散された。

しかし第三インターの歴史はそのままでは終わらなかった。**西欧におけるレーニン主義は、スターリンの時代になっても、クレムリンに忠実なフランス共産党の歴史として今日まで継続される。**フランス共産党の歴史は、つぎの総論第二章で詳述するが、現在マクロン大統領が厳しく対決するCGTのストライキやシャンゼリゼ大通りの暴力デモは、西欧に残るレーニン主義の最後の姿である。

第三章　レーニン革命の戦略の書『国家と革命』徹底解剖

――プロレタリア独裁は死滅する国家に替われるか

レーニン革命の戦略の書、『国家と革命』全七章を順を追って解剖する。ここには、プロレタリア独裁をなにがなんでも革命戦略にねじ込もうとする、レーニンのトリックが仕込まれていて、レーニンの誤りの全容が凝縮されている。

1　第一章「階級社会と国家」

マルクスの革命的な学説が、カウツキーをはじめとする日和見主義者や多くのブルジョア学者によって、著しくゆがめられ弱体化されているとする、レーニンの怒りの言葉ではじまる。日和見主義、修正主義による歪曲を実証的にただすためには、マルクスとエンゲルスの文献からの引用を多用することが必要であると断り、レーニンはかなり長文のものをふくめて、一〇ヶ所の引用を行っている。そのすべてがエンゲルスの著作からのもので、『家族、私有財産、および国家の起源』（以下『……起源』と略称）から八ヶ所、『反デューリング論』から二ヶ所で、マルクスの引用は一つもない。

最大の論点は第一章第四節の国家『死滅』論で、『……起源』からの八番目の引用文はかなりの長文である（『国家と革命』岩波文庫、二九頁）。

レーニンはおもむろに語りはじめる。

「国家は『死滅』するというエンゲルスのことばは、きわめてひろく知られているし、またきわめてしばしば引用されている。また普通に行われているマルクス主義の日和見主義への偽造の急所がどこにあるかをきわめてあざやかにしめしている。……そこで考察の全体を引用しよう。」

（以下、読みやすくするため若干整理したが、省略記号をふくめてほぼエンゲルスの原文のまま）

「プロレタリアートは国家権力を掌握するとまず生産手段を国有化する。それによって自分自身を『揚棄』し、階級区別と階級対立を『揚棄』し、それによって国家をも『揚棄』する。階級対立のうちに動いてきたこれまでの社会は、国家を必要とした。……被搾取階級を暴力的におさえつけておくための組織を必要としたのである。……国家は全社会の公けの代表者であり、現代はブルジョアジーの国家である。……しかし無秩序な生存競争から派生する衝突の結果、抑圧の対象とすべき社会階級はすべてなくなる。そして抑圧のための特別な権力、国家も不要になる。国家は『廃止』されるのではなく『死滅』するのである。無政府主義者は、国家は今日明日にも『廃止』さるべきだと主張するが、これは革命の意味をあいまいにする〈間違った〉（引用者かきかえ）やり方である」（筆者注：揚棄＝止揚Aufheben）。

引き続きレーニンは論じる。

「エンゲルスによれば、ブルジョア国家は……プロレタリアによる革命によって『揚棄』される。この革命のあとで。プロレタリア国家あるいは半国家が死滅にいたるのである。」（『国家と革命』のもう一つの邦訳、講談社学術文庫版は「揚棄」ではなく「廃絶」と訳している。）

エンゲルスの『……起源』は一八八三年のマルクスの死から一年後の八四年に出版された。詳しくは後述するが、国家消滅論にそれほど関心を示していないマルクスの死を待っていたかのようなタイミングからみて、両者の間には国家論をめぐる意見のくい違いがあったのかもしれない。

マルクスは国家には、プロレタリアに対する暴力的抑圧装置とは別の様々な役割があるので、抑圧装置としての国家が消滅しても、国家そのものは消えてなくなるわけではないと考えていたはずだ。マルクスが、将来の国家組織としてのアソシエーションを描いていることからみても明らかである。

エンゲルスは、プルードンが国家の権威を否定しながら廃絶ではなく、無視といえる形で通り過ぎる立場を取って、多くの支持を得ていることに対抗して、革命によって国家を破壊する国家消滅論を、強い印象を残す形で描いてみせたのだろう。

前述したように、プルードンは権威主義的な支配機関としての国家を無視し、協同する自主管理組織としてのアソシエーションを提唱した。マルクスはこれにヒントを得て、搾取なきアソシエーションにコミュニズム国家の将来をみる立場をとった。一方エンゲルスはアソシエーションには無関心で、まったく見向きもせず暴力による国家の廃絶を目指した。

三〇数年後にプロレタリア革命を目の前にしたレーニンはエンゲルスの考えに飛びつき、やはりアソシエーションには見向きもせずに、エンゲルスをのり超え、プロレタリア独裁に死滅する国家に替わる役割を与えたのである。

2　第二章「一八四八―一八五一年の経験」

この章はアソシエーションを目指すマルクスと、マルクス主義の名のもとに「プロレタリア

独裁」**にすすむレーニンとの、決定的な分岐点**を用意するきわめて重要な記述である。

この章の引用は四件すべてがマルクスからのものであり、レーニン主義が失敗に向かう決定的な場面となる。

マルクスはコミュニズムの未来像について、概念の大枠だけで具体的なことはあまり多くを書き残していないが、もっとも重要なのが、『コミュニスト宣言』の第二章最後の三頁である。

マルクスはプロレタリアの権力奪取をめぐって次のように書いている（同上、岩波文庫、二〇二二年、第一〇六刷、七四―七六頁）。

「プロレタリア階級は、……ブルジョア階級から次第にすべての資本を奪い、すべての生産用具を国家の手に、すなわち支配階級として組織されたプロレタリア階級の手に集中し、……」「階級としての自分自身の支配を廃止する。階級と階級対立とをもつ旧ブルジョア社会の代わりに、アソシエーション（協同体）があらわれる。」

この文章は、搾取する資本の廃絶によって、階級なきアソシエーション社会を目指すことを述べた、マルクスの革命思想の核心を書いた部分であり、アソシエーションにまったく関心を示さなかったエンゲルスが書いたものではないことは明らかな記述だ。

＊　＊　＊

レーニンは『国家と革命』（同上、三九頁）で、マルクスの文章から切り取って、「国家、すなわち支配階級に組織されたプロレタリアート」という表現を作文する。そして括弧つきで「マルクスおよびエンゲルスは、パリ・コミューン以後こう呼ぶようになった」と注釈をつけ、「プロレタリアート」に原文にはない「独裁」を書き加え、「国家の問題におけるマルクス主義のもっとも注目すべき、もっとも重要な思想の一つ、すなわち『プロレタリア独裁』の定式化をみる」と書いた。

このあとレーニンはもう一度「国家すなわちプロレタリア」という作文をあらためて繰り返し、「マルクスのこの理論は、歴史におけるプロレタリアートの革命的な役割についての彼の全学説と不可分にむすびついている。この役割を仕上げるものが『プロレタリア独裁』である」と断定している。

この論法、このロジックが、七〇年間世界を引きずりまわしたレーニン革命のトリックの筋立てであり、相当に乱雑な書き換えである。

レーニンはまず「国家すなわちプロレタリア（階級）」という文章を作る。ここからさらに深入りして、原文にはない「独裁」を書き加え、「国家すなわちプロレタリアート独裁」という文言をつくり上げているのだ。

レーニンは「マルクスおよびエンゲルスは、パリ・コミューン以後こう呼ぶようになった」

と述べている。

エンゲルスは、パリ・コミューン二〇周年記念祭にさいして出版された『フランスの内乱』第三版への序文（一八九一年三月十八日、マルクスの死後八年）の結びで、「ドイツの俗物は近頃、……プロレタリアートの独裁という言葉について……恐怖を抱いている。諸君はこの独裁がいかなるものであるか知りたいか。パリ・コミューンを見よ。それこそは、プロレタリアートの独裁だった」と興奮気味に書いた。

しかしエンゲルスは二二頁におよぶ長文の序文そのものでは、プロレタリア独裁にはまったく触れていない。

マルクスも生前、パリ・コミューンを論じた『フランスの内乱』で、ティエール政府軍の武力弾圧で壊滅し、短い期間で終わったパリ・コミューンを、プロレタリア革命の理想の姿として評価したが、プロレタリア独裁という言葉は一度も使っていない。マルクスがコミューンを高く評価したのは、コミューンがブルジョアの支配機構、軍隊と官僚制度を完全に廃棄し、替わりにプロレタリア自らの権力機構を確立したことであった。

このレーニンのトリックには、カレール＝ダンコースもひっかかっている。『レーニンとは何だったか』の第一〇章「国家の死から革命国家へ」（三四五頁）で、「無政府主義的傾向を示すこの文章は、一連の問題を提起している。……プロレタリアートは国家と同じものとされる」

と書いたが、「国家、すなわち支配階級として組織されたプロレタリアート」というレーニンの作文を引用したさい、『コミュニスト宣言』の元の文章との比較検証を怠っているのだ。もっともさすがカレール＝ダンコースは、レーニンの立論はいたるところで相矛盾していて統一性に欠けると否定的な評価を下し、「国家＝プロレタリア独裁」説には同意していない。

＊　＊　＊

革命前夜のレーニンは、プロレタリア革命により死滅する国家に替わる、新たな権力装置を見つけなければならなかった。そこで国家の位置にプロレタリア独裁をはめ込むことを考えた。しかしプロレタリア独裁は国家という枠組みのなかの一つの政治形態である。フランス革命以後の近代国民国家は、「属地原理に基づく明快な国境線に囲まれた地理的な存在」であり、革命によって支配者が入れ替わっても国家は消えてなくなることはない。先のエンゲルス自身の引用文の表現をあえて使えば、「全社会の公の代表者である国家」は存在し続けるのだ（『フランス史』福井憲彦、三九九頁）。

『国家と革命』が十月革命の直前に仕上げられたものであったにせよ、亡命先での数ヶ月にわたる準備があったのは間違いのないところであり、作為的な記述であると断定する根拠は十分にある。レーニンの記述は、ドイツ語を一応こなしたレーニンの意図的な操作であったのか、あるいは誤れる思い込みであったのか。前者であることは間違いないところだ。

内外の反革命勢力に取り囲まれ困難な戦いを進めるボルシェヴィキの進路を切り拓くために、レーニンは暴力による政権奪取、プロレタリア独裁による反革命分子の一掃、半永続的な独裁政治の継続を、なにがなんでも理論化する必要に迫られていたのである。

国家とプロレタリア独裁との強引な結びつけは、レーニンの失敗の根幹となるもっとも重要な要素であり、次章でドイツ語と英語の原文による検証も行うことにする。

3　第三章「一八七一年のパリ・コミューンの経験。マルクスの分析」

一、二章で理論づけたコミュニズムの理想の姿をパリ・コミューンに見る、総仕上げともいうべき記述である。

ナポレオン三世の第二帝政が、ビスマルクのプロイセンに敗れて崩壊し、プロイセン軍が包囲占領するなかで、パリの民衆はティエールの臨時政府に対して武装蜂起し、一八七一年三月自治政府パリ・コミューンの成立を宣言した。しかし七五日後、五月末には政府軍の反撃で壊滅した。マルクスはその直後に『フランスの内乱』を発表し、パリ・コミューンが、既成の国家組織、軍隊と官僚制度をすべて廃棄し、コミューン独自のものに置き換えたことに、プロレタリア革命のあるべき姿をみて高く評価したが、レーニンが言うことと違って、プロレタリア独裁については一言も触れていない。

エンゲルスが、マルクスの死後、「これこそプロレタリア独裁だ」と興奮気味に書いているのを見たレーニンは、マルクスもコミューンにプロレタリア独裁国家の姿をみたように強引に作文した。この問題はのちにさらに詳述する。

第三章まででレーニンの革命論は完成する。つまり暴力革命によって既成のブルジョア国家を死滅に至らしめ、プロレタリア独裁を死滅した国家の替わりに据え、半永続的にプロレタリア独裁を維持して共産主義に向かう、という筋書きである。

4　第四章「エンゲルスの補足的な説明」

あらゆる権力を否定するプルードンを批判し、エンゲルスの革命観を全面的に評価するなかで、レーニンは、第三章の国家とプロレタリア独裁をめぐる理論を引き続き展開する。

一八七三年、マルクスとエンゲルスは、イタリアの社会主義論文集に、反権威主義者プルードンをふくむ無政府主義者に対する批判を掲載し、「われわれは国家の廃絶を目標とすることでは、無政府主義者と変わらないが、この目標を達成するために、搾取者に対して、国家権力という道具を一時的に使用する必要があると主張する。労働者が資本家によるくびきを断ち切るにあたって、武器を使用するのは、国家の『過渡的な形態』として当然のことである」と書いた。

レーニンはさらに続ける。「しかし第二インターのプルードン主義者たちは、いっさいの権威、いっさいの服従を拒むことを主張し、革命も権威主義であるとして否定する。たしかに革命はこの世でもっとも権威主義的なものである。それは武器を使用して自分の意志を他人におしつける行為だ。しかし世のなかいたるところで権力は行使されている。すべての権力を否定する無政府主義者の考えは混乱しており、結果としてブルジョアの支配を容認するものである。」

一八七五年三月、エンゲルスはベーベルに書簡を送り次のように書いた。

「(革命によって権力を奪い取ったプロレタリア) 国家は、敵を暴力的に抑圧しつづけるために用いられる一時的な制度にすぎない。……プロレタリアートがまだ国家を必要とするのは、自由のためにではなく、敵を抑圧するために必要とするのだ。自由について語ることが可能となるやいなや国家としての国家は存在しなくなる。われわれは、国家のかわりに『共同体』(Gemeinwesen) を用いるように提案したい。このことば (wesen) は、フランス語の『コミューン』に相当するドイツの古語である。」

レーニンはこの発言が、マルクスが『ゴータ綱領批判』を書いた数週間後であること、この頃マルクスとエンゲルスはロンドンでいっしょに住んでいたことに注目するよう喚起し、二人の意見が一致していたことは間違いないという。しかしマルクスはすでに『コミュニスト宣言』で、階級と搾取のない「アソシエーション」を提唱しており、Gemeinwesenという言葉を使ったことは一度もない。

アソシエーションはいっさい語らず、国家死滅からプロレタリア独裁への行程を断固として主張するレーニン。マルクス、エンゲルスとレーニンが描くコミュニズムの姿は、三者三様である。

5　第四章の四「エルフルト綱領の批判」

一八八三年のマルクスの死以後のエンゲルスのいくつかの発言について、レーニンは高い評価とともに取り上げる。

まず九一年六月二十九日にカウツキーに宛てた書簡で、エンゲルスが社会民主党のエルフルト綱領草案を取りあげ、日和見主義を鋭く批判したことについて、レーニンは「マルクスの国家学説を学ぶうえで」見逃すことのできない重要な発言だと書いた。レーニンはさらに、エンゲルスが資本主義は独占資本主義へ転化しつつあり、帝国主義時代を迎えていると指摘したとして、その理論的な功績を称賛している。

レーニンによるとエンゲルスは、フランスの共和制とドイツの連邦制を比較し、大革命により中央集権のもと民主共和制を樹立したフランスは、社会主義にきわめて近いところに位置していると評価する。これに対してドイツの連邦制は中央集権へ向かう途上の政治形態であり、革命に対して一段階遅れていると考えた。ただしフランスの民主共和制はブルジョアが支配する国家であることには変わりないことは認識しなければならないという。

レーニンはエンゲルスのこの考えに同意しているが、今日の独仏両国の政治体制をみると、エンゲルスの評価と違ってドイツの連邦制はそのまま発展を継続しており、フランスの中央集権との間に革命への段階的な優劣の差はない。エンゲルス、およびそれを踏襲したレーニンの判断は誤っていたと考えざるをえない。

マルクス亡きあとの、エンゲルスに対するレーニンの傾倒は、マルクスに対する敬意を超えている。レーニンがその権威を借りるために語るマルクス思想の多くは、実はエンゲルスの思想だったといえるのだ。

第四章の五「マルクス『フランスの内乱』への一八九一年の序言」――エンゲルスの長文の

序文が解説されている。エンゲルスが、『内乱』第三版序文で、パリ・コミューンこそプロレタリア独裁であると叫んだことは、第三章で取り上げたが、マルクスとエンゲルスはともにプロレタリア独裁論者であったとするレーニンの主張は、『フランスの内乱』をめぐる叙述の中で行われているので、のちに改めて取り上げる。

6 第五章「国家死滅の経済的基礎」

ここでは、マルクスはエンゲルスと違って「国家びいき」だったかがテーマである。

(一) マルクスの問題提起

レーニンは、マルクスとエンゲルスが国家論をめぐって意見が一致していなかったように受け取られることを大変気にしていて、次のように書いた。

「一八七五年に、マルクスがブラッケにあてた手紙と、エンゲルスがベーベルにあてた手紙を読み較べると、マルクスはエンゲルスよりもはるかに「国家びいき」で、二人の国家観の違いはきわめて大きいようにみえる」、「エンゲルスは社会民主党の綱領から国家ということばを放逐し、フランス語のコミューンにあたるGemeinwesenにおきかえるようベーベルにすすめた。」「一方マルクスは将来の共産主義社会のもとでも、国家が必要であることをみとめているかのように書いている。」

しかしレーニンは主張する。

「このような見解は根本的に間違いであろう。もっと詳しく考察するとわかるように、国家とその死滅についてのマルクスとエンゲルスの見解は完全に一致している。」

「(二人の見解の)外見上の相違は、彼らがとりあげた主題の相違、彼らが追及した課題の相違によるものである。」

「マルクスはなによりもまず、ゴータ綱領が国家と社会の相互関係にもちこんだ混乱を一掃する。彼はこう書いている。『問題になるのは、国家制度は共産主義社会ではどのような変化をこうむるかということである。……この問題には科学的に答えることができるだけであって、……「人民」と「国家」ということばを千回むすびあわせても蚤のひとはねも近づきはしないのである。』」

マルクスは「人民国家」についてのいっさいのおしゃべりを嘲笑し、科学的に確定された事実だけをもちいるべきだと警告し、(次の第二項で)資本主義と共産主義のあいだの革命的転化と、それに照応する政治上の過渡期を論じる。

（二）資本主義から共産主義への移行

マルクスの理論は、先述の『ゴータ綱領批判』についての記述ではじまる。

「資本主義社会と共産主義社会とのあいだには、……革命的転化の時期がある。この時期に照応して……政治上の過渡期があり、この時期の国家はプロレタリアートの革命的独裁以外のなにものでもありえない」（新日本出版社の同綱領は、「革命的独裁」を日本共産党の綱領にそって、「革命的ディクタトゥール」と表記し「独裁」の使用を避けている）。

つづいてレーニンは革命的転化の時期のマルクスとエンゲルスの国家論について、二一頁に渡って繰り返し例証を列記し、両者の考えが一致していたと強弁するのであるが、ふたりの間には国家の死滅をめぐって明らかな食い違いがあるし、マルクスとレーニンとの間にあるプロレタリア独裁についての考えの違いが、ますますはっきりしてくる。

レーニンは次のように論じる。

「資本主義が順調に発展するとき、民主主義は民主共和制の形をとる。しかし民主共和制は、ブルジョア資本主義の枠のなかに縛られているので、少数の有産階級だけの民主主義にとどまる。民衆の大多数は政治生活のへの参加からしめだされている。この状態がもっとも明瞭に認められるのはドイツである。ドイツ社会民主党はほかのどの国より高い組織率を維持しているが、それでも労働組合に組織されているのは労働者一五〇〇万人のうち三〇〇万人にすぎない。

少数の富裕者だけの民主主義というのが、資本主義社会の民主主義である。資本家の支配をうちくだくことができるのは、プロレタリアートの独裁だけである。プロレタリアートの独裁は、民主主義を驚くほど拡張し、人民の民主主義が実現するが、搾取者の抵抗を力をもって打ち砕かなければならない。

資本家の抵抗が終局的に打ち砕かれ、搾取と階級がなくなる共産主義社会が成立する。そのときはじめて、国家は消滅し、自由について語りうるようになる。資本主義的搾取の不合理から解放された人間は、共同生活の根本規則を守ることに、暴力がなくても、強制装置がなくても、徐々に慣れていくことになるだろう。

『国家は死滅する』という表現は、実に巧みな選択である。共産主義だけが、真に完全な民主主義を生みだすことができる。そして民主主義が完全なものになればなるほど、すみやかに民主主義は不必要になって、おのずから死滅するであろう。

資本主義のもとでは、一つの階級が他の階級を抑圧するための特殊な機構である国家が存在する。少数者が多数者を抑圧するためには、凶暴、残忍な抑圧が必要であり、血の海が溢れることもある。

資本主義から共産主義への過渡期には抑圧のための特殊な機構である『国家』がまだ必

要であるが、それはすでに過渡的な国家であり、本来の意味での国家ではない。こんどは多数者による少数者への抑圧なので、無理な力を使う場面も少なくなるだろう。

最後に共産主義だけが国家を不必要なものにする。なぜなら抑圧すべきものがだれもいなくなるからである。また共同生活を侵害する不法行為の社会的原因となる貧困が排除されていくにつれて、不法行為も死滅することになり、同時に国家も死滅することになる。」

(三) 共産主義社会の第一段階

レーニンはまず、マルクスの「社会主義社会の運営」についての発言をとりあげるが、マルクスは全著作で「社会主義」ということばは、一度だけの例外を除いて、使ったことはなく、つねに共産主義である（廣松渉『マルクスと歴史の現実』、一一九頁）。

マルクスは言う。

「ここで問題にするのは、資本主義から生まれたばかりの共産主義社会である。それはあらゆる点で、経済的にも道徳的にも精神的にも、うまれでてきた母胎である旧社会の母斑をまだくっつけている」（『ゴータ綱領批判』二六頁）。

レーニンは論じる。

「共産主義の第一段階（一般にはこれは社会主義とよばれている）では、『ブルジョア的権利』

は完全に廃止されるのではなく、ただ部分的にだけ……廃止されるのである。『ブルジョア的権利』は生産手段を個々人の私有財産とみとめる。社会主義はこれを共有財産にする。それにより『ブルジョア的権利』は消滅する。

『働かざるものは食うべからず』とか『等量の労働には等量の生産物を』といった社会主義的な原則はすでに実現されている。しかしこれはまだ共産主義ではない。不平等な人間の不平等な量の労働に対して、等しくあたえる『ブルジョア的権利』は取り除かれていない。

マルクスは、これは不都合であるが、第一段階では避けることのできない問題であるという。資本主義を打倒したあと人々がなんらの権利の基準なしに社会のために働くことを身に付けるのは、ありえないことであるからだ。

生産手段の共有を守りながら、労働と生産物の分配の平等を擁護する国家の必要はなお残っている。資本家がいなくなり、抑圧の対象となる階級がなくなるとき、はじめて国家は死滅する。

しかし不平等を聖域化しようとする『ブルジョア的権利』を守りつづけようとするものが存在するかぎり、国家は完全に死滅しない。国家が完全に死滅するためには、完全な共産主義が必要である。」

以上、レーニンはあくまで国家を完全に消滅させる必要を主張する。

(四) 共産主義社会の高度の段階

マルクスの引用ではじまる。

「共産主義社会の高度の段階で、すなわち、分業のもとへの個人の奴隷的隷属が消滅し、それとともにまた精神労働と肉体労働との対立が消滅したのち、労働がたんに生きるための手段たることをやめて、それ自体第一の生活欲求となったのち、……協同体的富のすべての泉があふれるほどに湧きでるようになったのち、社会ははじめてブルジョア的権利の狭い視野を完全に踏みこえ、その旗にこう書くことができるだろう。――『各人はその能力に応じて、各人はその欲望に応じて』」(『ゴータ綱領批判』二九頁)。

この引用を受けて、レーニンは論じる。

「国家の完全な死滅の経済的基礎は、現代の社会的不平等のもっとも重要な源泉のひとつである、精神労働と肉体労働との対立が消滅するにつれて共産主義が高度の発展をとげることである。しかしこの源泉は、資本家を収奪し、生産手段を社会的所有に移すだけでは一挙に除去することのできない性格のものである。われわれはこの発展がどのような速さで進行するかを判断する材料を与えられていない。

それゆえにわれわれは国家は不可避的に死滅するというにとどめて、この過程が長期にわたるもので、共産主義が高度に発展する速さにかかっていることを強調しておく。

国家が完全に死滅しうるのは、人々が能力に応じて自発的に労働するにつれて、共同生活の基本的規則に馴れ、『ブルジョア的権利の狭い視野』を超える時である。その時には、生産物を分配するのにも社会のがわから規制する必要はなくなり、各人は『その欲望に応じて』自由にとることになる。

共産主義の『高度の』段階が到来するまでには、社会主義者は、労働の基準と消費の基準にたいする社会のがわからと国家の側からとのきわめて厳格な統制を要求する。しかし、この統制は、資本家の収奪から、資本家にたいする労働者の統制からはじめられ、しかも官吏の国家によってではなく、武装した労働者の国家によっておこなわれなければならないのである。……

社会主義と共産主義の科学上の差異は明白である。普通社会主義と呼ばれているものを、マルクスは、共産主義社会の第一段階もしくは低度の段階と呼んだ。……共産主義はその第一段階ではまだ、……資本主義の伝統または痕跡から完全に自由なものではありえない。……そこで、共産主義のもとでは、一定期間、ブルジョア国家さえ残存するということになる。……

民主主義は、こえてはならない限界的（対象）ではけっしてなく、……資本主義から共産主義にいたる途上の一段階にすぎない。……平等のためのプロレタリアートの闘争が、……どんなに大きな意義をもっているかは、平等を階級の揚棄という正しい意味に解するならば、明白である。しかし民主主義は形式的な平等を意味するにすぎない。……社会の全成員の労働と賃金の平等が実現されると同時に、……『各人はその能力に応じて、各人はその欲望に応じて』という……人類最高の目標に向かって進む運動が開始される。

民主主義とは国家形態であり、国家の一変種である。それは、あらゆる国家と同じように、人間にたいする暴力の組織的・系統的な適用である。しかし他方では、民主主義は市民間の平等の形式的な承認を、国家制度の決定と国家統治とにたいする全市民の平等な権利の形式的な承認を意味する。その結果民主主義は、発展のある段階で、革命的なプロレタリアートを団結させ、ブルジョア国家機構・常備軍、官僚制度を破壊し、武装した労働者と市民が参加する民主主義的な国家機構に置き換える可能性をもつ。……

すべての人が国家統治に参加することになれば、もはや資本主義は維持されないであろう。郵便、鉄道、大工場、大規模商業、銀行などの社会化された装置によって、幾百万の労働者が訓練を受けている。……

計算と統制が、共産主義社会の第一段階が、ただしく運営され、機能するために必要とされる。……人民の大多数が、自主的に、このような計算を実践し、資本家的習癖をのこしているものたちにたいする統制を実行するなら、全社会が、平等に労働し、平等に賃金を受け取る一つの事務所、一つの工場となるだろう。

社会の成員の圧倒的な多数が、みずから国家を統治することをまなび、みずからその仕事をひきうけ、少数の資本家や不満分子にたいする統制を組織した瞬間、あらゆる統治の必要は消滅しはじめる。武装した労働者が支配する『本来の意味での国家』ではない国家も、民主主義的になればなるほど、急速に死滅しはじめる。

そのときには、共産主義社会の第一段階からその高度の段階へ、それとともにまた国家の完全な死滅へ移行する扉はひろくあけはなたれるであろう。」

レーニンの記述は以上で終わる。論点を整理すると、

❶マルクスは、エンゲルスに較べて「国家びいき」であったという通説に対し、両者は国家消滅論で完全に一致していたと主張する。

❷『ゴータ綱領批判』でマルクスが「資本主義社会と共産主義社会のあいだには、革命的転化の時期がある。この時期に照応して政治上の過渡期があり、この時期の国家はプロレタ

リアートの革命的独裁以外のなにものでもありえない」。これはマルクス唯一の明快なプロレタリア独裁発言であり、レーニンは死滅する国家とプロレタリア独裁の入れ替えの論拠としている。マルクスはブルジョア国家死滅論に反論はしていないが、国家にはほかの役割があると考えていたことは確かである。エンゲルスも死滅国家に替わるものとしてプロレタリア独裁ではなく、先述のGemeinwesenを提唱した。

❸レーニンの国家としてのプロレタリア独裁の主張は、「レーニンの失敗」の決定的な出発点といえる。プロレタリア独裁は、必然的に全産業の国有化に進むことになるうえ、強権的な全体主義国家への道を開くものであるからだ。

7　第六章「日和見主義者によるマルクス主義の卑俗化」

レーニンは、一八八九―一九一四年までの第二インターナショナルの時期に、国家と社会革命の関係について、あやふやな態度を取った日和見主義は、マルクス主義の歪曲と卑俗化を生じさせたと主張する。

代表的な〝日和見主義〟社会主義理論家は、プレハーノフとベルンシュタインとカウツキーである。

①プレハーノフの無政府主義者との論争

ロシア社会民主主義の開拓者であるプレハーノフは、レーニンより二十歳も年長で都会的な教養を身につけた指導的な人物であったが、レーニンはプレハーノフについて、無政府主義者との論争で、工夫をめぐらして国家と革命の関係にふれることを回避しようとしていると批判した。一九〇五年以後の革命の高揚期に、プレハーノフはブルジョアジーに追随する空論家になり下がり、マルクスがパリ・コミューンから学ぶべきことを書いた分析を理解しようとしなかった。そして古い国家機構を粉砕し、なにをもってそれにおきかえるべきかという問題についてなにも回答することなく、日和見主義者に転落することになった。

②ベルンシュタインとカウツキーの日和見主義者との論争

一八八九年に創設された第二インターを主導したのは、ドイツの社会民主主義者、ベルンシュタインとカウツキーだった。翌九〇年には、完全に合法的な復活を認められたドイツ社会主義労働者党は、党名を社会民主党に改め、九一年にはカウツキーにたいするエンゲルスの助言もあって、エルフルト綱領を採択。マルクス主義の政党として確立された。

ところが九五年にエンゲルスが他界すると、九八年にはベルンシュタインが体系的な修正主義を公然と主張しはじめた。ベルンシュタインは、資本主義のもとで階級の分化は、マルクスの考えに反してすすまず、有産者が増加していると主張し、革命は議会を通じた平和的な道に向かうべきだと論じはじめた。

ドイツ語で書かれたカウツキーの著作は、他のどの国より多く、ロシア語に翻訳されて読まれたといわれる。一九〇五年当時、カウツキーが書くもっとも進んだ社会民主主義の文献に、ロシアの労働者は異常なほど強い関心を示した。より進んだ隣国の革命運動の経験は、ロシアの未開の土壌に移植され急速に浸透した。

カウツキーは大著『ベルンシュタインと社会民主党の綱領』で、ベルンシュタインはマルクスと正反対の思想を、マルクスのものとして論じていると、激しく攻めたてた。マルクス主義とブランキー主義を混同したり、『フランスの内乱』でマルクスが既成の国家機構を粉砕しなければならないと主張したことを、プルードンの考えと同一視して論じたりしているというのだ。

カウツキーは、ベルンシュタインはマルクス思想を乱暴で不作法に歪曲していると述べ、日和見主義者という非難をあびせた。

しかしカウツキーの主張も焦点がぼやけていて、ただちに行動をおこすことは念頭にない日和見主義に陥っていた。労働者階級に革命の準備をさせるというもっとも重要な問題で、マルクスとカウツキーの間には、決定的な断絶があったのである。

カウツキーが書いた『社会革命』という著作では、既成の国家機構を破壊することなく、権力を獲得する筋書きが述べられているが、一八七二年にマルクスが『コミュニスト宣言』で唯一時代遅れになっているところと反省した問題が、三〇年後にカウツキーによって復活することになったのである。

③カウツキーのパンネクックとの論争

パンネクックは左翼急進派を代表する一人として、カウツキーと対決した。左翼急進派はドイツの急進派ローザ・ルクセンブルクらとともに、カウツキーはマルクス主義と日和見主義の間で無原則に動揺する、無活動の待機主義に陥っていると批判した。パンネクックは「カウツキーは革命の好機を見逃している。われわれの闘いは国家組織を完全に破壊するまでは終わらない」と主張した。

カウツキーは現存する行政府をどう作りかえるかを議論するが、革命の目標はプロレタリアートが国家装置としての全行政府を破壊して、それを武装した労働者による新しい装置と置き換えることにある。たとえば全能の労働者・兵士のソヴィエトの専門家委員会に置き換えられ、無数の糸によってブルジョアと結びつけられている関係を完全に断ち切らなければならない。

しかしカウツキーは、「大衆的なストライキの任務は、国家権力を破壊することではなく、政府に圧力をかけることにある。われわれの政治闘争の目標は、議会内の多数を獲得することによって、国家権力を闘いとることであり、議会を政府の主人に高めることである」。

レーニンは断ずる。

「これはもはや、純然たる、卑俗きわまる日和見主義であり、……革命の放棄である。」「われわれは日和見主義者と決別する。そしてブルジョア権力を打倒し、ブルジョア議会を破壊するために、コミューン型の民主共和制あるいは労働者・兵士代表ソヴィエト共和制のもとで、革命的独裁を樹立する闘争で、われわれは全プロレタリアートと行動を共にする。」

レーニンはカウツキーが影響力を持つ第二インターの国際舞台に言及する。

「(ドイツ、フランス、ベルギー、イギリス、イタリアの) 国際的な社会主義者たちは、プロレタリア独裁を真向から否定し、あからさまな日和見主義を実行している。これらの諸君は独裁は民主主義に矛盾するという。」

「こうした事情を考慮すると、第二インターの公認代表者の圧倒的多数は日和見主義に転落したと結論せざるを得ない。コミューンの教訓は忘れさられ、歪曲された。労働者大衆が行動を起こし、古い国家機構を粉砕し新しい機構に置き換えるときが近づきつつあるとき、日和見主義への逃げ道が吹き込まれ、説かれることになった。」

「プロレタリア革命の歪曲と黙殺は、帝国主義的競争が激化するなかで重大な結果を残さざるをえない結果をもたらした。強化された軍事装置をもつ諸国家は軍事的怪物に転化して、世界を支配するのは、イギリスかドイツか、前者の金融資本か、後者の金融資本か、という争いを解決するために幾百万の人間をみな殺しにすることになった。」

8　第七章「一九〇五年と一九一七年のロシア革命の経験」

短い全文原文のまま。この短い文章で『国家と革命』は未完で終わる（筆者注）。

「この章の表題にしめされている主題はかぎりなく大きなものであるから、それについては、数巻の書物を書くことができるし、また書かなければならない。この小冊子では、もちろん、国家権力にたいするプロレタリアートの革命における任務に直接関係のある経験のもっとも主要な教訓だけにかぎらなければならない。」

第一版あとがき

「この小冊子は、一九一七年の八月と九月に書かれた。私にはすでに、つぎの第七章『一九〇五年と一九一七年のロシア革命の経験』の腹案ができていた。しかし、私は表題のほかには、この章の一行も書けなかった。政治的危機、一九一七年の十月革命の前夜が、これを『妨害』したからである。このような『妨害』は、よろこぶよりほかはない。しかし、この小冊子の第二分冊(『一九〇五年と一九一七年のロシア革命の経験』にあてられているもの)は、おそらく、ずっと延期しなければならないであろう。『革命の経験』をやりとげることは、それを書くことよりも愉快であり、有益である。

ペトログラード　一九一七年十一月三十日　　著者(レーニン)」

〈第三章・付〉失敗の根源・プロレタリア独裁論のからくりをドイツ語と英語テキストにより検証する

第三章の〝解剖篇〟で、レーニンがマルクスの記述を、「国家、つまりプロレタリア階級」と要約したところは、「レーニンの失敗」を判断するきわめて重要なポイントだ。翻訳文では原文の意図を伝えきれないこともありうるので、『コミュニスト宣言』のドイツ語版と英訳版のテキストによって検証する。

まずドイツ語版。

Das Proletariat wird seine politische Herrschaft dazu benutzen, der Bourgeoisie nach und nach alles Kapital zu entreißen, alle Produktionsinstrumente in den Händen des Staats, d.h. des als herrschende Klasse organisierten Proletariats zu zentralisieren und die Masse der Produktionskräfte möglichst rasch zu vermehren.

引用文中のちょうど中央のあたりにあるd.h.は、das heisstの慣用省略記号で「つまり、すなわち」を意味する。

マルクスは岩波訳のように、「生産用具を国家の手に」「すなわち」「支配階級としてのプロレタリア階級の手に集中し」と文章と文章をつないだのであって、これを「国家、すなわちプロレタリア階級」と切り取るのは強引に過ぎる。そのうえ原文にない「独裁」という言葉を書き加えて、「国家、すなわちプロレタリア独裁」と作文する。一つの政治形態にすぎないものを、国家という別次元の存在と「すなわち」ですり変える手品のような作文は許されるものではない。

英訳文を読んでみる。

The proletariat uses its political supremacy to wrest, by degrees, all capital from the bourgeoisie, to centralize all the instruments of production in the hands of the State, i.e. of the proletariat organized as the ruling class, and to increase the total of the productive forces as rapidly as possible.

英語版は、修飾句の順番を入れ替えて、国家とプロレタリアという二つの単語が接近するように組み替えているので、意味するところが独文より明快になる。しかし英訳は一九九一年に出版されたもので、その時点ですでに広汎に読まれているレーニンの『国家と革命』の解釈と矛盾しないように、語順を並べ替えた可能性が強い。

ちなみに講談社学術文庫の『国家と革命』は、「プロレタリアートは、……ブルジョアジーから全資本を奪い、生産用具を一つ残らず国家——すなわち支配階級として組織されたプロレタリアート——の手中に収め……」と訳しており、ほぼ英語版に近い翻訳をしている。

無政府主義に分類される人物のなかで、プロレタリア独裁を最初に使いはじめ最後まで主張したのはブランキで、無政府主義者でもバブーフはそれほどこだわらなかった。プルードンにいたっては、国家の権威をみとめず、打倒すべき対象とみなさなかったので、先述のように無視することになった。

レーニンは、マルクスが一八五二年三月五日のワイデマイヤー宛の手紙で、「階級闘争は必然的にプロレタリアートの独裁にみちびく」と書いていることを指摘し、「マルクス主義者といえるものは、階級闘争の承認をプロレタリアートの独裁の承認にまでおしひろげる人だけである」と言いきっている（同上『国家と革命』五一—五二頁）。

しかしマルクスは国家死滅論を唱えたことはないし、プロレタリア独裁を大上段に振りかぶった発言もしていない。マルクス文献の生き字引的存在だった廣松渉は、『マルクスと歴史の現実』で、「権力を握った場合、人民の独裁で条件を整えてから民主主義的な方法で改革をすすめるというのが、バブーフやブランキ派の構想で、マルクスはブランキと接近した時期に、プロレタリア独裁という表現を使いはじめ、その後ブランキと喧嘩別れしたあとも、革命の過渡期にはプロレタリア独裁しかありえないと考えていたようだ」と書いている。

フランスの三人の思想家による共著『一〇〇語でわかるマルクス主義』(白水社・文庫クセジュ、二〇一五年)は、プロレタリア独裁の項で、「マルクス主義の概念の中で、これほど論争を引き起こしたものはない」と前置きし、先に触れたワイデマイアー宛の書簡と『ゴータ綱領批判』で「革命後、共産主義に向かう政治的過渡期はプロレタリア独裁以外のものではありえない」と書いたマルクスの二つの発言を紹介している。

しかしマルクスがプロレタリア独裁の必要を説いたとしても、あくまで過渡的な、一時的な政治形態としてということであって、死滅した国家に取って替わる国家としての半永続的なプロレタリア独裁を考えたレーニンとは相いれない。マルクスは国家のレベルでは資本による搾取のないアソシエーション協同体はプロレタリア独裁を必要としていない。

パリ・コミューンについて、「これこそプロレタリア独裁だ」と叫んだエンゲルスも、死滅する国家に替わるものとしては、プロレタリア独裁ではなく先述のGemeinwesenを考えた(『国家と革命』九三頁)。

そもそも「独裁」という翻訳語は、日本語では暴力的な恐怖政治を連想させられるが、原語のdictatureは古代ローマの執政官職のことであり、恐怖政治を連想させる独裁を意味する言葉ではない。新日本出版社の『ゴータ綱領批判』(二〇〇〇年)は、共産党の綱領と同じく翻訳語「独裁」を使わずにそのまま「ディクタトゥール」とカナ書きしている。

マルクスも『コミュニスト宣言』で「プロレタリア独裁」は使わずに、「プロレタリア階級は、……ブルジョア階級から次第にすべての資本を奪い、……支配階級として組織されたプロレタリアの手に集中し」とおだやかに書いている。階級闘争のなかでの権力奪取であるから、なんらかの強権をともなうのは当然であるが、表現はソフトだ。

レーニンが口にするプロレタリア独裁は、フランス大革命でのジャコバン派の恐怖政治や、ヒトラーや日本軍部のファシズムなどと同様、陰惨で凶暴なイメージをつくり出している。一九七〇年代にはじまったユーロ・コミュニズムの穏健路線への改革は、プロレタリア独裁の放棄からはじまった。

レーニンの独裁理論は今日にいたるまで、共産主義が敬遠される結果をつくりだしているが、円熟の境に進むマルクスの思想は、はるかに理論的で豊かな発想である。

まとめ——レーニン革命とは何だったのか

1　レーニン独特のプロレタリア独裁

カレール＝ダンコースとともに、今回多くを引用したステファーヌ・クルトアは、レーニンを「全体主義Totalitarismeの主導者」と呼んでいる。Totalitarismeはヒトラーのナチスに対して、ハンナ・アーレントが使った言葉だ。全体主義というのは、国家、民族といった総体的な利益のために、個人が全体に奉仕することを強制する思想である。

レーニンの全体主義は、そのなかでもきわめて独特なプロレタリア独裁だ。

ヒトラーは『わが闘争』で自らナチズムを全面的に開陳したが、レーニンはプロレタリア独裁を、マルクスの名を借り、その権威を利用して正当化した。この間の経緯はすでに第六章、第七章で詳述し、現実にマルクスがプロレタリア独裁論とどのようにかかわっていたかを検証した。結論としてマルクスは、プロレタリア独裁という言葉を何度か書き残しているが、レーニンの思想抑圧の全体主義とはまったく異なる次元の権力行使の表現であることは明らかだ。

プロレタリア独裁は、一八四〇年代にフランスの無政府主義者の間で使われはじめ、バブーフ、ブランキ、プルードンなどの名前が登場するが、代表的な主唱者としてはルイ・オーギュスト・ブランキの名前が挙げられる。パリでエンゲルスとともに活動していたマルクスはブランキに一時接近し、秘密結社をともにしたが、のちに理論的に対立し喧嘩別れした。

2 フランスの革命的伝統への憧れと強烈なコンプレックス

レーニンの著作をあらためてじっくり読んでみると、いたるところでフランスの革命的伝統に対する憧憬を発見する。それはしばしば西欧に較べてはるかに遅れた帝政ロシアに生まれた革命家の後進性コンプレックスとみることができる。

レーニンは第一部で詳述したように、官憲の厳しい監視の眼を逃れて、一九〇〇年二月十一日、密かにドイツ経由で出国しスイスに居を定めた。以後、一九一七年の二月革命で帰国するまで、一九〇五年の血の日曜日事件にともなう革命的情勢に対応するため二年間の一時帰国をしたほかはロシアに戻らなかった。ジュネーヴを本拠に、おびただしい著作の執筆に専念し、国外からボルシェヴィキ党機関紙を通じて武装したプロレタリア革命を呼びかける檄文を送り続けた。

岩波文庫解説総目録に掲載されている邦訳書だけでも、経済:『ロシアにおける資本主義の発展』、『帝国主義』。哲学:『唯物論と経験批判論』、『哲学ノート』。革命論:『何を為すべきか』、『国家と革命』、『カール・マルクス他』二冊、『レーニンのゴオリキーへの手紙』。以上経済、哲学、革命論の多岐にわたる九冊がある。

レーニンは一九〇八年から一二年にかけての四年間パリに移動し、愛妻クループスカヤとその母、それに自身の母親や姉妹も加わって、家族的な温かい環境のなかで、思う存分フランス革命史を勉強した。その結果は『国家と革命』の記述から読みとることができる。

レーニン自身の母と姉妹は、幼いころからレーニンを暖かく見守り、日ごろは冷酷なレーニンの、女性には優しい性格形成の原点になったようだ。

レーニンはエンゲルスと同様、フランスの中央集権政治制度をもっとも進んだ政治制度であると考え、ドイツの連邦制はいずれ中央集権に向かう遅れた政治制度であるとみていた。これは独仏両国のこんにちの状況からみて明らかに間違った見方であるが、封建制からブルジョア時代への最先端の革命は、フランスの方で発生した。しかし現代にいたる発展をみるとドイツの連邦共和制も並行して近代的な発展を遂げており、段階的な差があるという見方は当たらない。

レーニンはフランス大革命はブルジョア革命を超えるものではなかったと論じながら、そこから産みだされた民主共和制は優れた政治制度で、これを徹底的に追求していけば究極の理想である社会主義に到達することも可能であると書いている（『国家と革命』講談社学術文庫、一四四—一四五頁）。

ボルシェヴィズムにそぐわない革命思想は、一刀両断、日和見主義とか修正主義とののしって切り捨てるレーニン主義の日頃の強権的言動に較べて、フランスには甘い寛大な解釈である。レーニンは『国家と革命』第三章で、一八七一年のパリ・コミューンが、プロレタリア独裁を実現した共産主義が理想とする革命であると論じることになる。

もう一つ、フランスに憧れるレーニンの人間的な側面を見ることができる話を取りあげたい。愛妻クループスカヤを裏切ることになるもう一人の女性イネッサの存在だ。ほかには浮いた噂ひとつないレーニンが、このフランス人を父にもつ粋なパリジェンヌの魅力には抗することができなかった。大革命に対するものと同様のフランス的なものへの羨望とコンプレックスを、女性関係にもみることができるのだ。

大革命の後を受けて、十九世紀のフランスはヨーロッパの革命論争の坩堝と化した。マルクスもパリに乗り込んできて、エンゲルスとともに独仏の革命論を掲載する『独仏年誌』を刊行し、一八四八年には『コミュニスト宣言』を共著で表し、万国の労働者に革命闘争への団結を呼びかけた。マルクスは『フランスの階級闘争』、『ブリュメール十八日』、『フランスの内乱』の三つの名著を書きあげた。

当時、フランスではブルジョアが支配する、国家あるいは政府を無用のものとして否定する無政府主義者が盛んに活躍していた。

マルクスたちよりひと世代先輩のバブーフは、二十九歳で大革命を目撃し、ロベスピエールのジャコバン派より過激なエベール派に加担して暴力革命を主張した。

マルクスと同世代のブランキは、もっとも急進的な暴力による権力奪取とプロレタリア独裁体制を主張した。マルクスとエンゲルスは大きな刺激を受けて、『コミュニスト宣言』を共著で書いた。一八五〇年三月の共産主義者同盟中央委員会の「回状」もブランキズムの影響のもとに作成された。

もう一人、大もののプルードンも、無政府主義者に分類されることが多いが、すべての権力を否定するプルードンは、共産主義も権力主義の思想であるとして否定し、マルクスとまっこうから対決することになった。

プルードンが著書『貧困の哲学』で主張したのは、あらゆる権力を否定する市民の協業によるアソシエーションだった。共産主義を否定されたマルクスはただちに厳しい反論の書『哲学の貧困』を表し、これでもかとばかりにプルードンをこきおろす激しい論調を展開した。

ところがマルクスはプルードンが主張する「アソシエーション」から大きなヒントをえた。まもなく書いた『コミュニスト宣言』で、階級と搾取のない共産主義社会の未来像に「アソシエーション（協同体）」という表現を使ったのである。

国家の存在を無視するプルードンにとって、国家を否定し革命政権を樹立することは、新たな権威をつくり出すことを意味する。プルードンのアソシエート活動は、市民レベルの協業組織の展開という形をとることになる。これは協同組合運動へと発展し、今日までその発展は継続されている。

しかしマルクスの「アソシエーション」は、ブルジョア国家打倒のあとの国家の姿なので、まったくかけ離れた議論だった。マルクスが膨大な紙数を使って激しいプルードン批判を行ったのは、対抗する論敵からアソシエーションという表現を頂戴した照れ臭さに発するやり過ぎだったのかもしれない。

3　スターリンによるレーニン主義の継承——レーニン死後

一九二四年のレーニンの死のあと、レーニン主義は二つの大きな流れとなって展開した。一つは後継者スターリンが率いるロシアにおける国有化計画経済の確立である。もう一つがレーニン存命中に世界革命を目指して結成された第三インターナショナルの、フランスを中心とする西欧の共産主義運動の展開である。

（一）政敵トロツキーを追放したスターリンの全権掌握

陰険かつ緻密なスターリンの政権獲得工作に対して、赤軍の優れた指揮者であっても、政権獲得工作は不得手なトロツキーには反撃する力はまったくなかった。既述のようにスターリンは全面的な産業国有化の確立にすすんだ。

（二）レーニン主義の世界革命――第三インターの結成

マルクス・エンゲルスと無政府主義者たちの論争の時代から、三、四〇年後に登場したレーニンは、とりわけパリに居住した四年間に西欧の革命論を徹底的に学び、戦争で混乱する農民の国に最先端の西欧革命思想を持ち込み、権力を奪取することを目指した。

レーニンもトロツキーも、ロシア単独での革命は周辺のブルジョア国家からの反革命の攻撃に晒される可能性が大きいとみて、西欧世界に革命が波及することを期待し、その組織化を企んだ。

ドイツ系の〝修正主義〟に支配された第二インターと違う一〇〇％レーニン主義を貫く第三インターの結成が急がれた。本書第二部（第二章二二五頁）で詳述したように、レーニンは、一九一九年と二〇年の二回にわたって、第三インターの設立大会を招集し、プロレタリア独裁のもとでの二一ヶ条の厳しい行動原則をほぼ満場一致で可決した。

第三インターのもとで各国支部が設立されたが、一九二〇年九月、イタリアの社会主義革命が挫折し、ロシアからの独立心が強いドイツとポーランドの労働者の革命的行動は、しばしば赤軍と武力衝突し、二一年三月には壊滅することになった。

西欧での革命運動の後退とは逆に、第二回第三インターの大会では、アジアからの代議員がはじめて参加し、それまでの欧米優先の革命論議にかわって、植民地の民族代表の発言が目覚ましかった。植民地にはまだプロレタリアは存在していなかったので、民族ブルジョアジーが宗主国の帝国主義と闘うことによって世界革命に貢献するという主張だった。全体として西欧での社会主義運動の後退によって、第三インターの西欧革命への期待は薄れ、レーニンも国家権力掌握に唯一成功したロシア革命を守ることに注力することを迫られた。

レーニンはフランス大革命に注目しながら、国王のギロチン処刑など過激なパフォーマンスに気を取られて、その理論的精髄である人権宣言に盛り込まれた自由と平等のために戦う人権思想を理解することができなかったようだ。あるいは人権宣言にまったく言及していないところをみると、その存在に気付かなかった可能性がある。世界の最先端を行くフランスの革命思想の理解で、経済だけでなく思想の世界でも遅れたロシア・マルクス主義の限界であったといえる。

第三インターのその後の西欧におけるレーニン主義の流れは、クレムリンに忠実なフランス共産党の歴史として今日まで継続される。

4 「クレムリンの長女」フランス共産党の盛衰

フランス共産党はコミンテルン・フランス支部として創設

フランスの社会主義運動は、十九世紀末から胎動していたが、一九〇五年ジャン・ジョレスが社会党を創設したことで政党活動を開始した。第一次大戦の開戦とともに反戦活動を開始したが、ジョレスは右翼によって暗殺されてしまった。

一九二〇年、フランス社会党の多数派だった左派は、社会党を離脱して共産党を結成し、レーニンが呼びかけた第三インターのやり直し大会に参加した。当初与えられた名称はコミンテルン・フランス支部、最高責任者はレーニンだった。

残る少数派の右派はレオン・ブルムを指導者として社会党の存続を守り、独自の社会主義革命を目指して徐々に党勢を拡大した。

フランス共産党のフランス人最初の指導者モーリス・トレーズは、二九年から四人の集団指導体制の一人に選ばれ、三〇年七月に書記長に選任された。トレーズは以後実に三四年間、一九六四年の引退にいたるまで、クレムリンに忠誠を誓う独裁的な書記長として君臨した。

一九二四年にレーニンが病で没したあと、三〇年トレーズの書記長就任でフランス共産党独自の体制が整えられた。しかしクレムリンに対する忠誠は、スターリンの時代になっても、ひたすら変わることなく継続され、「クレムリンの長女」と呼ばれたほど緊密な関係を保った。

一九三〇年代にナチスのファシズムがヨーロッパを脅かし、三三年ヒトラーが政権を獲得すると、一九三六年、フランス社会党のレオン・ブルムは、反ファシスト勢力を結集する人民戦線内閣を組織した。共産党も閣外協力する立場をとった。

この頃スターリンは自国の革命の安全を確保するため一国社会主義を唱えはじめ、ヨーロッパ全域に革命を拡大することを主張するトロツキーと激しく対立した。スターリンはトロツキーを追放し、ロシアだけでなく、国外各地のトロツキストも徹底的に排除する政策を取った。スターリンは国外に亡命したトロツキーに刺客を送って追い回し、最後はメキシコで暗殺した。

はじめ反ナチ闘争に消極的だったフランス共産党

ファシズムの台頭はドイツだけの話ではない。ヨーロッパ各地で、ナチスに同調する勢力が活動を開始し、フランスでもかつての王党派の流れを汲む極右勢力が台頭した。このことについては、八木あき子著『五千万人のヒトラーがいた!』(文藝春秋、一九八三年)という名著がある。

フランスのファシストはレオン・ブルムの人民戦線内閣を右から揺さぶった。共産党はスターリンの意向を受けてヨーロッパでの革命を抑制する政策をとり、社会主義革命に積極的な社会党と対立した。左右からの厳しい批判にさらされ、レオン・ブルムの人民戦線内閣は三七年に崩壊した。

一九三九年八月二十三日、全ヨーロッパに衝撃が走った。スターリンが、こともあろうにヒトラーと突如手を結び、独ソ不可侵条約を締結したのである。スターリンの一国社会主義防衛と、東方の不安を封じたうえで西方に攻め込もうというヒトラーの戦略がつくり出した理不尽な合意である。

反ファシストの闘争に全力を挙げていた各地の社会主義、共産主義勢力に対するこれ以上の裏切り行為はない。いたるところでソ連批判の声が湧き起こったが、クレムリンに忠実なフランス共産党はスターリンを支持し、目下の闘争は米英の帝国主義に向けられるべきだとして、ナチスに対する闘争には力を注がなかった。

不可侵条約で東方の安全を確保したドイツは、三九年九月一日、ポーランドへの侵攻を開始した。これに対して断固として対決することを決断したチャーチルとともに、フランスもドイツに対する宣戦布告に踏み切り、第二次世界大戦が勃発した。

四〇年五月、中東欧での足場固めに成功したドイツ軍は反転して西方への攻撃を開始した。

強力な機甲師団がフランスに侵入し、マジノ線をたやすく突破して、六月十四日にはほとんど無抵抗のパリを占領した。

第一次大戦のヴェルダンの攻防戦で侵攻してきたドイツ軍を食い止めた最高指揮官、ペタン元帥が降伏を意味する休戦協定に署名し、南フランスのヴィシーに、ナチスの占領に協力する傀儡政府をつくることになった。

ナチスとの戦いの継続を主張するドゴール将軍はロンドンに逃れ、亡命政府「自由フランス」を立ち上げ、徹底抗戦を呼びかけた。しかしフランス共産党は、ドゴールの呼びかけに応えず、相変わらずクレムリンの指令に忠実に従い、自由フランスのレジスタンスに積極的に協力することはなかった。

再び激震が走った。ヒトラーは西部戦線が安定したのをみて、突如ソ連との不可侵条約を破棄し、一九四一年六月二十二日、ソ連領内への武力侵攻を開始した。

共産党はレジスタンス後期の愛国的闘争で名誉挽回

当然のことながら、フランス共産党の方針も一変した。ドゴールのレジスタンスに参加し、組織的な軍事行動を開始したのである。マキと呼ばれたゲリラが、ドイツ軍用の輸送列車を爆破したり、ナチス部隊を奇襲した。ドイツ軍の報復も激しく、多くのレジスタンス戦士や市民が虐殺された。

対ナチスの融和政策で評判の悪かった共産党も、レジスタンス後期の命をかけた愛国的な闘争で国民的な感動を呼び起こし信頼を取り戻した。共産党への高い支持率は戦後も長い間、下ることはなかった。

ドゴールはレジスタンスで共産党が果たした役割を評価し、戦後直ちに組織した臨時政府に、トレーズ書記長を副首相として迎えた。

一九四六年十一月の総選挙で、共産党は党の歴史上最高の、二八・六％の得票率で、第一党となる一八六議席を獲得した。社会党は支持率一七・九％、議席も一〇二議席で、共産党の後塵を拝することになった。

共産党は最大の労働組合、ＣＧＴ労働総同盟を配下におさめ、絶大な社会的影響力を行使した。高い組織率を背景に圧倒的な動員力で、ゼネストやデモを繰り返し、賃上げや社会保障の拡充を勝ち取り、労働組合と民衆の広汎な支持を獲得した。

クレムリンの言いなり体質のまま、左派勢力を牛耳り、国民的な支持を享受することができた共産党の存在は、ヨーロッパでもフランス特有の政治現象だった。しかしこれは後々、今日まで及ぶフランス左翼の思想的混乱を引き起こす原因となった。

戦後十数年、経済復興が進み、国民生活が豊かになるにつれて、共産党の支持率も次第に下降線をたどりはじめた。ソ連の独裁的な政治や、非人間的な暗黒面が暴かれるようになり、クレムリンに忠実だった共産党員の哲学者、思想家、知識人の多くが党を批判し、組織から離脱するものも少なくなかった。

一九七〇年、ソ連の反体制作家ソルジェニーツィンは『収容所群島』をはじめ、強制収容所の苛酷な統制を告発した一連の著作でノーベル賞を受賞した。この受賞は西欧世界の大きな反響を呼び起こし、ソ連離れ、共産主義退潮が加速する大きな力になった。

仏伊の共産党、プロレタリア独裁を放棄

一九七〇年代には、ヨーロッパ全体で、教条主義的な共産主義理論の見直しが広がった。ユーロ・コミュニズムと呼ばれた潮流である。フランス共産党はトレーズ書記長の引退から八年後の一九七二年に書記長に就任したジョルジュ・マルシェが、一九七五年にレーニン主義の核心であるプロレタリア独裁を放棄し、社会党と共闘するなど現状改革を目指す柔軟路線に転換した。

イタリアでもベルリンゲル書記長のもとで、歴史的妥協と呼ばれた穏健路線が採用され保守系与党と連携を目指す現実的な政策がすすめられた。

一九八九年十一月のベルリンの壁崩壊、つづく一九九一年のソ連邦の崩壊で、共産党に対す

る幻想は回復不可能なダメージを蒙った。

フランス共産党は二〇一七年の大統領選挙と国会選挙で、一%を僅かに上回る得票しか得られず二〇一八年六月二十六日、ローレン書記長が翌一九年の党創立百周年をもって存在に終止符を打ち、新党を結成すると発表した。

しかしフランスのレーニン主義は終わらなかった。CGT労働総同盟の一部に残る強硬なゼネスト派がことある度に街頭に繰り出し、シャンゼリゼ大通りで商店を襲い、放火する暴力主義を繰り返している。

レーニンよ、さらば——そして、これから

第一章　レーニン主義崩壊のあと残るのはリベラルな資本主義だけ、という過ち

1　間違っていたのはマルクスではない、レーニンだ

レーニンによるプロレタリア独裁政治の失敗は、ロシア革命直後からはじまった強制収容所による思想弾圧など、民主主義の基本を否定する強権政策で明らかになった。スターリン時代に進むにつれ、独裁政治が必然的につくり出すさまざまな悪弊が発生した。なかでも党幹部の不正な特権を囲い込むノーメンクラツーラの成立は、コミュニズムの理想を根本から否定する崩壊現象だ。

スターリンの異常性格が支配する強権政治は、マルクス・レーニン主義の旗印のもとに西欧

世界にも少なからぬ影響を及ぼした。

十九世紀にヨーロッパを覆ったブルジョアとプロレタリアの激しい階級闘争は、資本主義の発展とともに変質し、**暴力革命とプロレタリア独裁をかかげるレーニンの第三インターは、二度の大戦のナショナリズム高揚の波に呑まれて大方消滅することになった。**

戦後、消滅した第三インターに替わって登場したのが、議会による改革を主張する社会民主主義だ。かつてレーニンから修正主義者として批判され、背教者と罵られたカウツキーの第二インターの流れが息を吹き返したのである。

一九七〇年代のユーロ・コミュニズムの時代に入り、多くの西欧共産党がプロレタリア独裁を放棄した。

保革二大政党による政権交代が当たり前のヨーロッパでは、保守党も社会福祉政策を積極的に取り入れ、革新側でもドイツの社会民主党が資本主義のルールを容認する議会主義改革の中心勢力になった。

直近の話になるが、二〇一七年フランスのマクロン元経済相は、左右のイデオロギー対決の時代は終わったと主張し、民主共和制の中道新党を立ち上げて大統領選に挑戦し、奇跡といわれた大勝利をおさめた。

この大統領選決選投票で、マクロンは最有力だった極右FNのルペン候補を六六対三四%の大差で圧倒した。しかも第一回投票で、戦後フランスの政治を支配してきた既成の二大政権党、保守の共和党と革新の社会党が、党の存続が懸念される大敗を喫し、政界の第一線から姿を消した。新しい中道勢力・マクロンの民主共和制政治の到来が確立され今日に到っている。

先に述べたように、一九九一年、マルクス・レーニン主義の看板を掲げたソヴィエト社会主義連邦の崩壊は、レーニンの国有化政策の失敗がマルクスの誤りによるものと誤解され、世界的に大多数の論者がマルクス主義の破産を宣告した。

フランシス・フクヤマは『歴史の終わり』を上梓しベストセラーになったが、「ソ連の崩壊によって、マルクス主義の誤りは明確になった」と述べる決定的な誤りを犯した。

しかし、マルクス主義への厳しい断罪に較べて、失敗を犯した元凶であるレーニンへの理論的な批判は、国際的になぜかほとんど行われなかったし、今日までその状況は続いている。

レーニン批判の口火を切ったのは既述のようにフランスの思想界で、**ジャック・アタリは大著『世界精神マルクス』を著し、「間違っていたのはマルクスではなくレーニンだ」と断定した。**革命直後からプロレタリア独裁を掲げて全産業国有化政策を押し進めたのはレーニンであり、マルクスはロシア革命とは無関係な存在だった。

2　ミラノヴィッチはF・フクヤマと同じ過ちを繰り返す

世界銀行主任エコノミスト、**ブランコ・ミラノヴィッチは著書『資本主義だけ残った』で、面白い発想を提示した。**マルクス主義が最高の発展段階とした共産主義は、ソ連や東欧諸国でいったん勝利をおさめたあと崩壊し、劣っていると決めつけていた資本主義に向かって進化しつつあるのはなぜか、というのだ。

ここで指摘しておかなければならないのは、ソ連や東欧諸国の社会主義はレーニン主義の創造物であって、マルクスは関係ないということだ。ミラノヴィッチは、フクヤマと同じ誤りを犯しているのだ。

ミラノヴィッチの論述は先へ進み、ソ連の社会主義が消滅したあとの現代の世界には、二つの資本主義が存在することになったと説く。一つはリベラルな能力資本主義であり、もう一つは中国が代表する政治的資本主義であるという。

一九九一年、ソ連が崩壊したとき、アメリカの元大統領補佐官ブレジンスキーは、資本主義は最終的に社会主義に勝利したと宣言し、米ソの二極体制は終わり、アメリカの一極支配の時代に入ったと主張した。

中国の覇権国家への挑戦がはじまり、アメリカの一極支配は長続きしなかったが、ミラノヴィッチの二つの資本主義論はブレジンスキーの考えとも異なる。

ミラノヴィッチが言うリベラルな能力資本主義は、米英の新自由主義諸国の姿とみてよいだろう。中国の政治的資本主義は、後進的な諸国がマルクス・レーニン主義の旗をかかげて社会主義に向かいながら、ソ連社会主義の崩壊とともに、市場経済を取り入れ資本主義に向いつつある現象であると論じる。

ミラノヴィッチは、マルクス主義は後進諸国が立ち上がるきっかけをつくる歴史的な役割を果たしたが、やがてこの役割が終われば、未来社会の建設に関して貢献することができない過去の思想になると断定する。

ミラノヴィッチは、この流れが発展して行けば世界は「資本主義だけが残った」状態になり、二つの資本主義が合流してすべてが資本主義という世界の到来を展望することができると結論する。

ここからミラノヴィッチに対する反論に入る。ミラノヴィッチはこの二つの資本主義のほかに、新自由主義と相いれない大陸ヨーロッパのＥＵ型資本主義があることを見逃している。新自由主義を否定し、社会政策重視の自由経済を追求するドイツ型の社会的市場経済は、もう一つの資本主義である。

ここでふたたびソ連邦の崩壊はレーニン主義の失敗であるのに、マルクス主義の失敗として語られていることの誤りにたち戻る。全産業の国有化によって資本主義より優れた経済を創出すると主張したのはレーニンであって、マルクスは資本主義の階級と搾取に注目し、資本による搾取が行われることのないアソシエーション社会を描いた。

ＥＵだけでなく日本も、資本主義の型からみれば、米中どちらにも距離を置く成熟した独自の資本主義である。ＡＳＥＡＮの先進部分や台湾、韓国も日本と同じ軌跡をたどっている。第三のグループの新しい革命派が目指すのは、マルクスが唱えた階級と搾取のない社会の実現であり、その結果としての格差社会の解消である。

世界の政治経済はグローバル化しているにもかかわらず、先進国の革命派が連携する同時革命はありえない。どんなに小さな国でも絶対の自立が保証される現代の国連のシステムの下では、国家権力との戦いは各国単位での挑戦ということにならざるをえないのである。ミラノヴィッチのアングロサクソン的視野は、資本主義世界の現実の姿を見失っている。

第二章　レーニンはなぜ西欧資本主義を倒せなかったか

1　硬直した暴力革命主義と、柔軟で逃げ足早い資本主義

レーニンは経済発展が決定的に遅れた帝政ロシアに、西欧の革命思想を持ち込み、世界はじめての社会主義政権の樹立に成功した。さらにロシアの革命を足がかりに世界革命を目指し、レーニン主義の第三インターを結成したが、西欧に社会主義革命を起こすことはできなかった。著書『何をなすべきか』で労働者の先頭に立つ前衛とされたレーニンの党が、資本主義がもっとも進んだ、つまり理論的には革命の条件が熟したはずの西欧で成功しなかったのはなぜか。

資本主義初期の第一の段階では、資本による搾取の体制を防衛するため、ブルジョアジーの

国家権力は軍隊と警察という強力な暴力装置をつくって革命勢力を弾圧し、力ずくで抑え込んだ。

例外はレーニン革命のために反乱を起こした農民のソヴィエトだった。軍隊の兵士は農民の子弟だったし、工場労働者も昨日までは農民だった。彼らは戦争に疲れ、食料も十分に与えられず、混乱のなかで国家の暴力装置から離脱し、近代化途上の帝政を崩壊に導いた。

一八七一年、普仏戦争でプロシャ軍に包囲されたパリで、市民革命組織パリ・コミューンが政権を掌握し、政府の軍隊にかわる革命の軍隊を組織した。レーニンはこれを高く評価し共産主義の理想の姿として描いたが、パリ郊外に逃れプロシャ軍の監視のもとで様子見をしていた政府軍は、機会をとらえて武力介入に踏み切り、容易く反乱を鎮圧した。コミューンの七五日間の支配は、悲劇の虐殺で終わった。国家権力は理想的とみられたコミューン政府よりはるかに強力だった。

レーニンが世界革命を目指して第三インターを設立した頃、ヨーロッパの革命勢力は、いずれの国でもブルジョア政府の力の弾圧によって後退させられた。

レーニンの世界革命の展望が薄れていったため、ただ一つ成功したロシアの革命の防衛に集中することが求められ、ロシア一国社会主義に向かわざるをえない状況が発生した。一九四七年、スターリンのソ連を中心に、九ヶ国のソ連圏諸国が参加するコミンフォルムが結成された。

次の段階では、資本主義側の国民国家の税制と徴兵制が飛躍的に進化し、近代的な軍隊と警察が組織化され、レーニン主義の暴力革命の可能性が消滅に近い状態に陥った。同時に貧困の底辺も徐々に上昇するようになり、反社会勢力に柔軟な傾向が生じはじめた。

株式会社の成立によって、強欲な資本家による苛酷な搾取というイメージが、近代的な経営者と労働組合の関係に進化した。

次の第三の段階では、アメリカの大量消費社会を先頭に、先進諸国に豊かな消費社会が広がり、社会改革が議会で進められることが常識になった。

レーニン主義の革命戦術は、ゼネストから武装蜂起に決起する暴力革命主義だったが、穏健派のドイツの社会民主党は議会による社会改革や社会保障政策の導入を求め、暴力革命に批判的な立場をとるようになった。

この段階で注目されるのは、フォードの大量生産システムの成功である。これによって労働者自身も、自動車という高価な商品を購入する消費者の集団に加わり、大量消費社会の担い手としてGDPの拡大に貢献するようになった。ここに至って過激なレーニン主義の居所はなくなってしまった。

第二次大戦後の世界で、社会主義と共産主義が徐々に後退し、一部は消滅の状態になった歴史は、資本主義と社会主義がゆるやかに融和をすすめた時代の記録である。新自由主義の全盛期の資本主義優勢の時代に、資本主義が自ら社会改革を取り入れ、福祉資本主義も発展することになった。

経済発展で劣勢の立場に陥ってからも、ソヴィエト社会主義連邦は存続し続けた。そして一九九一年、新自由主義が最盛期に達した世界経済の繁栄のなかで、硬直した国有化経済の矛盾が噴出してソ連邦は自壊作用を起こし、覇権国家の消滅という前代未聞の事態に立ち至ったのである。

資本主義は時代の変化に積極的に対応し、逃げ足の速い進化を遂げたが、レーニン主義は逆に原理主義にこだわり、資本主義の進化に対応できなかった。

2　資本主義と社会主義に勝ち負けの関係はなくなる

しかしソ連崩壊後もいたるところで、レーニン主義の残存物がはびこり、様々な害毒を流し続けていることに注目しておく必要がある。そのもっとも代表的なものが、レーニン・スターリン主義に忠実なフランス共産党だ。共産党は勢力衰退にともない、先述のように二〇一九年、党創立百周年記念の年に、解党を宣言した。

貧困に苦しむプロレタリアの解放という大義を掲げ、ブルジョア支配を打倒することを目指したレーニン主義は、絶えず進化し、発展する資本主義の変化に対応し、追いつくことができずに挫折した。

しかし歴史は新自由主義の繁栄ということでは終わらない。人間の限りない欲望を基本に拡大発展する資本主義は、新自由主義が必然的に向かう大競争によって生み出された、制御不能の矛盾が爆発することになった。ウォール・ストリートの金融資本が大崩壊したリーマン・ショックは、マルクスが一七〇年前に『資本論』で予見した、搾取する資本主義の終盤の姿である。

3 『共産党宣言』ではなく『コミュニスト宣言』と書く理由

リーマン・ショック以後、資本主義も社会主義も、つぎの時代の新しい姿を模索している。その探求はどちらか一方の勝利ということでは終わらない。資本主義と社会主義はお互いの欠陥を補完しながら融合し、ひとつの経済思想に収斂する方向に向かいつつあるのだ。

ここでひと言、私はコミュニズムを「共産主義」と訳すのは誤訳であると考える。

コミュニズムの語源について、『コミュニスト宣言』のエンゲルスの注釈で、ヨーロッパ中世の自治都市コミューンであると説明している（岩波文庫、二〇一二年第一〇五刷原註、四四頁。

一九五一年の初版から文章は改訂されていない)。

『ロベール大辞典』には、コミューン＝①フランスなどの地方行政単位。市、町、村。②《歴史》中世の自由都市、とある。

ネグリとハート『〈帝国〉』の、コモンズを「共」とする解釈は、マルクスにはない。日本ではコミュニズムは「共産主義」と翻訳され、誰も疑問を持たずに使用している。漢字文化圏の中国も共産主義を使っているが、辛亥革命の時代に日本に亡命したり、留学していた中国の革命家たちが持ち帰ったものらしい。コミュニズムを共産主義と表現しているのは、世界で日本と中国だけである。

横文字の国は多くがコミュニズムをそのまま使用しているか、労働党とか革命党などという表現を当てている国もある。

「共産主義」は、明治期にマルクス主義が日本に入ってきた頃、マルクスについての十分な知識がなかった時代の翻訳であり、「無産階級」などという言葉とともに生まれたものと思われる。「共産」という言葉からブルジョアの資産を革命によって奪い取り、人民が共有するという考えが読み取れるが、中世の自由な自治都市の姿は思い浮かばない。共同体主義ではないし、コミュニズムを訳す間違いのない邦訳語はないのだ。

「共産主義」はあまりにも一般化しているので、訂正を主張しないが、私個人は共産主義はなるべく使わずコミュニズムと書くことにしている。将来、レーニン主義が一掃された段階で、あらためて検討されることになる可能性はある。

『共産党宣言』のように「党」をつけない理由。コミュニスト宣言は一八四八年二月に公表されたが、この時点ではまだ共産党は存在していなかった。共産主義者の「結社」はあったが、共産主義者「同盟」と称されていた。

スターリン時代にモスクワが文書管理を仕切るようになったが、その頃、公表された宣言に「党」が加えられたようだ。『共産党宣言』は旧ソ連製である可能性が高い。

4 日本の政治はイデオロギーを語らずに分配を競うだけ

岸田政権が成立し、「新しい資本主義」を目指すと発言したとき、成長と分配を主張する与党に対して、野党は成長とはかかわりなく分配せよと主張して対決した。選挙戦の党首討論会で、壇上にずらりと並んだ一〇人ほどの党首や代表が、与党も野党も一〇万円程度の分配金を給付する知恵較べ論争に終始したのでがっかりした。

いま心ある選挙民が聞きたいのは、新自由主義が行き詰まった資本主義がどのような新しい資本主義を目指すのかということである。対抗する野党に求めるのは新しい社会主義のどのような構想を抱いているのか聞かせてほしいのだ。明日の日本を展望する両者の戦略的なイデオロギー論争を期待するのである。

マルクスが求める国家的な規模でのアソシエーション・協同体の実現については、現代世界の強固な国民国家の存在とグローバリゼーションとの矛盾する関係が問題になる。世界は国民国家を不可侵の単位とする国家集団・国連によって国際的な秩序が組織されている。

このルールを無視してプーチンとネタニヤフは侵略戦争を行っているが、安全保障理事会の拒否権の存在が、両国に対して秩序回復を要求する世界世論の実現を妨げている。

ミャンマーの不法な軍事クーデタでは、国民国家の厚い壁がスーチー女史の救出という当たり前の要求を難しいものにしている。

国家単位のパラダイム構築が求められている時代に、日本の政治がイデオロギーを語らなくなったのは何時からだろうか。イデオロギー対決の時代は終わったといわれるが、ここでいうイデオロギーは破産したレーニン主義との不毛の論争のことではない。明日のパラダイムを描く最先端のイデオロギー論争のことである。

第三章　日本におけるマルクス再評価——斎藤幸平の画期的登場

日本のマルクス再評価は、二〇二〇年九月、**斎藤幸平の『人新世の「資本論」』の出版で、画期的な前進を遂げた。**同書はハードな思想書であるにもかかわらず稀に見るベストセラーとなり、いまだに売れ行きの良い本が置かれる棚に並べられている。

斉藤は従来論じられてきた共産主義のマルクスを超え、はじめてエコロジーの観点から、高度に発展する資本主義が地球環境の破壊に向かいつつあることを警告する思想としてマルクスを取りあげた。世界的にも地球温暖化に対する関心が高まっている時だけに大きな関心が集まったのは当然のことである。

私は少々引っ掛かっているところがある。同書一四一頁からの「コモン」についての記述だ。斎藤はマルクス再解釈の鍵となる概念として「コモン」あるいは「共」を取りあげている。「コモン」とは社会的に人々に共有され、管理されるべき富のことである。この概念はマルクスではなく、アントニオ・ネグリとマイケル・ハートというマルクス主義者が共著書『〈帝国〉』で提起したものとされている。

例えば宇沢弘文の「社会的共通資本」はこの範疇に入る考えとして評価される。この点小著『2050年、未来秩序の選択』も社会的共通資本の考えには大いに共感する旨を表明している。また市民レベルで生産や消費をアソシエイト（協業）する協同組合活動も評価できる。しかし、アソシエーションを提唱したプルードンとマルクスの考えを比較すると、プルードンのアソシエイトは国家権力を無視する反権力主義であるが、資本主義の否定ではない。

宇沢の「社会的共通資本」も、ブルジョア支配による社会共通資産の破壊を制限するものであっても、資本主義そのものの否定ではなく、搾取の廃絶を求めるマルクスの考えに応えるものではない。

ただ、かつて激しく対決したプルードンとマルクスの思想は、現代では共存し相互に補完しあうことができる関係にある。プルードン的に庶民的協業を積み重ねながら搾取するブルジョア資本を追い詰めていくのと同時進行で、マルクスの革命は、労働を商品である呪縛から解放し、搾取されることから解放する資本主義の質的な変化を目指すことになるのだ。

第四章　トマ・ピケティは企業経営権の労使共有を提言
――労働を商品化から解き放つ

パラダイム論の最後に登場するのは、「二十一世紀の資本」を語るフランスの経済学者トマ・ピケティである。

マルクスが一八六七年に完成した『資本論』第一巻は、総仕上げの剰余価値論で終わる。蓄積された資本は生産を開始するため、工場を建て、資材を購入し、労働者を雇用する。生産された商品は販売され売り上げを獲得する。資本は売り上げから、再生産に必要な費用や自分の利益を取り、労働に賃金を支払う。この過程を一方的に支配する資本は搾取するものであり、賃金を与えられる労働は被搾取者だ。本来、共同社会の生存のための喜びであった労働は、工場や原材料と同じ商品として扱われる。必要経費のうち労働だけが物質ではないナマ身の人間が関わるため、剰余価値の配分縮小の圧力につねに晒されることになる。

マルクスは『コミュニスト宣言』で、「すべての私的資本を否定するのではなく、搾取する資本を排除しなければならない。かくして民主的で自由なアソシエーション社会が成立するのだ」と力説している。繰り返し説明してきたように、そのためには労働を商品から解き放ち、剰余価値創出の過程で資本と対等の価値を持ち、対等の役割を果たすものにしなければならない。

しかしマルクスは難問を解決する具体策については未回答のまま昇天してしまった。

＊　＊　＊

二〇一三年にトマ・ピケティは千頁に近い大著『21世紀の資本』を発表した。当初フランスではさほど注目されなかったが、ウォール・ストリートの金融資本の繁栄のもと格差社会のひずみが社会問題になっていたアメリカで爆発的な注目を集め、難解な分厚い経済本がベストセラーとなる社会現象が発生し、全世界で注目を集めた。

ピケティは歴史的に資本家に集積された資産は、つねに経済成長より早く増殖し、社会格差は世紀末には許容限度を超えるレベルに達すると警告した。ピケティは格差解消の方策として、強力な累進課税を提案した。しかしグローバル化で集積する巨大な利益は、いたるところに存在するタックス・ヘイブンに逃避して効果をあげることができず、結果をだすことできないまま、ピケティ提案は終わった。

第一作から六年、ピケティは二〇一九年九月、第二作『資本とイデオロギー』を刊行し、新たな野心的解決策を世に問うた。ふたたび一二〇〇頁の大著である。表題にイデオロギーが加えられたことからみても明らかなように、今回のピケティは大胆にイデオロギーに踏み込んだ提議を展開した。

ピケティはまず資本主義を超克すべき時がきていると述べ、財産の私的所有を社会的保有へ質的に転化させ、新しい参加型社会主義を構築することを提唱した。フランス語の原語は、「超克」dépasser、「参加型社会主義」Le Socialisme Participatif。

提案は二つのパートに分かれる。第一は、主として相続によって蓄積され、凍結状態におかれている富裕者の資産を流動化させるため、累進課税によって徴税し、その財源を使って、若い世代に高額の給付金を支給するという提案だ。

ピケティの提案は、二十五歳で一二万ユーロだ（概算一五〇〇万円、著書出版時の円高レートで計算）。いろいろ議論を呼ぶことになるだろうが、年を取ってから支給する小出しの給付より効果的かもしれない。

提案の核心となる第二点は、「企業経営権の共有」である。ピケティは企業の経営委員会Le Conseil d'administrationに、投票権をもった労働組合代表を資本家側と同数参加させることを提案する。

ピケティは北ヨーロッパやドイツで多く取り入れられている共同決定法を評価し発展させたものだと述べている。

ドイツでは一九二〇年代にすでに労働者が会社経営への参加を要求し流血の事件となった歴史がある。共同決定法は第二次世界大戦後、保守のCDU政権の時から議論がはじまり、七六年、革新のSPDシュミット首相の時に成立した。同法は、会社の監査役会に従業員数に応じて決められた数の労働組合代表を参加させ、経営情報の透明化をはかろうというものだ。社会政策を重視する社会的市場経済と共同決定法は、ドイツ経済システムを構成する二本柱である。

経営会議に出席する労使代表の人数の割合について、ピケティは在来の共同決定法では、伝統的にスウェーデンは経営者5対労組3、ドイツは5対5の同数が採用されていると述べている。5対5の対等の投票権を持つ経営委員会が成立すれば、マルクスの剰余価値論の資本と労働は対等の価値を持つことになる。資本の労働に対する階級的搾取は解消され、労働の商品化も消滅する。マルクスの設問に対する最終回答となりうる画期的な提案である。

しかしピケティの提案も、その実現は簡単なことではない。

資本からの激しい抵抗が予想されるからである。国会での議決だけでは成立しない可能性が大いに存在する。〝コモン〟による共同闘争が必要になるだろう。

そうこうしているうちに生成ＡＩが介入してくる可能性がある。

生成ＡＩについてＥＵは、ドイツを中心に受け入れに積極的で、ＥＵ委員会も規制ルールを作成し受け入れの態勢を整えている。しかしＡＩに入力されるデータはすべてアングロサクソン世界で蓄積されたものであり、新自由主義がいつの間にか浸透してくる可能性も否定できない。

すべてがまだ先行き不透明な不安を伴っている。

本書をしめくくるための最終章
――ベストセラー『人新世』の読者が本もののマルクスを知った

マルクスを語る斎藤幸平が、日曜日のＴＢＳ爆笑問題の「サンデー・ジャポン」に準レギュラーで登場するのをみて、マルクスがここまでポピュラーに語られはじめたことに驚愕した。ＮＨＫは伊集院光司会の「100分de名著」で、二〇二一年十二月に斎藤自身が出演して解説する番組を放送した。ベストセラーになった『人新世の「資本論」』の初版が同年九月の刊行だ。丸善で奇妙な題名だなと思って眺めていたら、急速に売れ行きが伸びているようなので、あわてて十一月に購入したがすでに第三版だった。まさに燎原の火のごとくといいたくなる勢いである。

手に取って優れた著作であることが分かり、付箋をつけて徹底的に読み返した。スマホに夢中で本を読まなくなった、本が売れなくなったとしきりに言われるなかで、『人新世』のような哲学本に、これほどの需要が潜在していたことには驚くばかりである。

斎藤幸平が続いて二〇二三年一月に出版した『ゼロからの「資本論」』も有益な著作だ。その第五章のタイトルが、「グッバイ・レーニン！」である。

実は本書のタイトルも「グッバイ、レーニン」で早くから準備していたが、二番煎じはよくないと止めることにした。

このタイトルは、東西ドイツ統一後に制作された抱腹絶倒の喜劇映画の題名である。東ドイツ市民である主人公の母親は、マルクス・レーニン主義の熱烈な信奉者だったが、高齢で意識不明の眠りにつく。その間、ベルリンの壁が崩壊し東西ドイツは統合され、東には西の文明がどっと流れ込みすべての環境が一変する。突然目覚めた母親がショック死したら大変と、主人公があの手この手で大慌てでごまかしているうちに、東が西を併合したのだという真逆の説明をしてしまう。そのなかでレーニン主義の誤りが暴かれていくという、笑いだけではない、文明論を語る筋書きである。

私は一九八一年から八三年にかけて二年間、西ドイツに駐在したとき、ベルリンの壁の向こう側で閉ざされていた東の実態取材を主要なテーマの一つにしていたので、ことさら映画の痛烈なレーニン批判のギャグが面白かった。

斎藤はこの第五章でマルクスとレーニンの思想がまったく異なったものであることを大いに

強調しているが、私が今回の新著で意図するのは、そこからもう一歩踏み込んで、レーニンが犯した誤りが、レーニンではなくマルクスのものとされている「冤罪」を、なんとしても是正してマルクスの正しい姿を立て直すことである。

かつての西ドイツ社会民主党SPDとマルクス主義の関係は複雑、微妙なものだった。隣り合う東ドイツ民主共和国は、マルクス・レーニン主義の旗を高く掲げていた。政権獲得が現実のものになりつつあったSPDにとって、マルクス主義を掲げるわけにはいかない。一九五九年のバードゴーデスベルグ党大会で、マルクス主義放棄を宣言したのである。しかしこれは実際には、マルクスを騙《かた》るレーニン主義の放棄を意味するものだったのである。

＊　＊　＊

昭和二十四年（一九四九年）に私が高校生になったとき、世間一般はマルクスを共産主義を主張する危険思想とみなしていた。私たちマルクスに興味を持つものは社会科学研究会（社研）というサークルを作って、『資本論』などの読書会をするのが一般的だった。私の高校ではリーダーが哲学好きだったので、唯物論研究会と名のることになった。

担当の教官は、「原爆を許すまじ」を作詞、作曲した木下航二だった。三年生のときの学園祭で、原爆被害の写真展を開き、原爆反対の幕を壁に大きく張り出したところで、職員室は原爆反対はアカの思想だから中止すべきだという意見が出始めた。木下航二が頑張ってようやく開催にこぎつけた出来事があった。

一九九一年に旧ソ連の社会主義が崩壊したときは、マルクス主義はもう終わったとする論調が盛んになり、ケインズがしきりに評価される時代になった。あの大学はまだ「マル経」を教えているとさげすむ発言をしばしば耳にした。

しかし時を経て、マルクスは静かに戻ってきた。斎藤幸平が「サンデー・ジャポン」で、美女に囲まれて広い視聴者に語り掛ける姿を見るとき、ついに来たるべきものが来たと感慨にふけるのである。

今後、斎藤の著書を読んだ百万の読者は、現実の社会にどのような結果をもたらすのだろうか。十九世紀の階級闘争がきわめて厳しい時代に生まれたマルクスの思想は、いまや危険思想ではなく純粋に科学的な思想として語られるようになった。

その場合、先に述べたことであるが、マルクスの復活はマルクス主義の復活ではないことをくり返し書いておきたい。

マルクス主義といえばそのすべてを受け入れ、場合によってはマルクス主義を基盤にする国家建設を目指すことになるからだ。そういうことではなく、現今のマルクス再評価では、マルクスの著作の有効なエレメントを取り入れ活用し、新たなパラダイムを構想することが肝要なのである。

われわれは「独裁制」を表す二つの言葉を持っている。「ファシズム」と「全体主義」である。ファシズムは、ラテン語のfasciaを語源とする「団結」とか「連帯」を意味する言葉である。日本ではかつての軍国主義がファシズムと呼ばれたことがあるためか、強権政治をファシズムと呼ぶ状況があるが、それは本来の意味から外れた誤用といえる（佐藤優『ファシズムの正体』、集英社、二〇一八年）。

イタリアの首相だったムッソリーニは、社会党に所属していたが、社会党がゼネスト戦術で混乱を招いているのを批判し、一九二一年、戦闘的な国民ファシスト党を結成した。その翌年の二二年、政権獲得を目指してローマ進軍を開始し、驚いた国王から政権樹立を要請されムッソリーニ内閣が成立した。

ムッソリーニ政権は、対外侵略で国民意識の高揚をはかり、一九三三年に政権を樹立したヒトラーのナチスと枢軸を結成、一九四〇年に独伊日の三国同盟を結成して第二次世界大戦に加わった。一九四三年、イタリアはアメリカなど連合国に敗れ降伏し、ムッソリーニはパルチザンに捕らえられ処刑された。

しかしムッソリーニは、ヒトラーやレーニンと較べてはるかに優れた知能を備えた人物で、ファシズム本来の国民の結束を意味する協同体国家の樹立を目指す政策をすすめたことが高く評価された時期もある。

二〇二四年現在のイタリア首相メローニは、ムッソリーニを信奉する極右といわれたが、首相就任後の実績は、EUに協調的な政策で成果をあげており、二四年前半期のEU首脳会議議長を順調にこなしている。ファシズムという言葉はナチスや日本の軍国主義にも使われたが、国民の団結を意味する本来の意味を考えれば、誤用といわざるをえない（同上、佐藤優）。

ヒトラーのナチスに関しては、先にひと言触れたハンナ・アーレントの全体主義が普遍化し定着している。

戦時中アウシュヴィッツへのユダヤ人の大量輸送の指揮をとったアイヒマンは、一九六〇年、アルゼンチンの亡命先で逮捕され、翌六一年、エルサレムの軍事法廷で裁かれた。この裁判をユダヤ人として強制収容所を体験した哲学者アーレントが取材し、ユダヤ世界を代表する報告を書いた。ナチスへの忠誠を誓うアイヒマンは、自分はナチス中央からの指令を忠実に実行しただけで犯罪は犯していないと主張した。アーレントはこのような判断力を失い思考停止状態にある意識をつくり出したナチスの組織犯罪を重視し、全体主義と定義した。

本書が大いに参考にしたステファーヌ・クルトアは、レーニン主義を同じ全体主義として定義したが、私は、レーニン主義は死滅する国家に替えてプロレタリア独裁を取り入れたことに致命的な誤りがあったとする立場から、全体主義に加えてレーニン独自の独裁制の下、支持者だけでなく世界的な民衆の意識の判断力を誤らせた思想であることを、あえて指摘したいと考える。

再三述べてきたように、その影響は今日に至るまでいたるところに浸透し残存しつづけている。われわれの意識のなかにも、時にレーニン主義的な強権的な発想が出現することもある。レーニン主義の魔力は強力である。

いまこそ一〇〇%のグッバイ、レーニンを実現しなければならない時なのだ。

むすびのことば

レーニン主義の対極はアソシエーション協同体だ
気に入らないものは暴力で排除するレーニン主義
協同体では、他人はもう一人の自分だと思って大切にする
宗教も他の宗教の価値観を互いに尊重する
むかし、複数の一神教は穏やかに共生していた
気に入らないと暴力を振うだけでは平和と秩序を守ることはできない
暴力のレーニン主義は、ひとりひとりの心のなかに潜む
すべて洗い落として豊かな地球協同体を築こうではないか

後記

本書の仕上げについては、藤原書店の代表取締役、藤原良雄氏から多くの貴重なご指導をいただいた。また最終校正では同書店の山﨑優子さんが緻密なお力添えをしてくださった。心からの謝意を表明いたします。

関連年表（1870-1991）

1870	4・10　本名ウラジーミル・イリイッチ・ウリヤーノフは、モスクワの東90キロの地方都市シンビルスクで生まれた。
1871	3・5　ローザ・ルクセンブルク生まれる（〜1919・1・15） 3月から5月、パリ・コミューン
1872	マルクスの『資本論』第一巻ロシアで出版。兄が所有
1886	父イリヤ・ニコラーエヴィチが脳出血で死去、55歳
1887	長兄アレクサンドルが皇帝暗殺計画に加わり死刑となる。ウラジーミル、高校を卒業、首都サンクトペテルブルグ大学に入学
1892	同大学を優秀な成績で卒業、22歳で弁護士の資格をとる
1889	仏大革命100周年を記念し、第2インター創設（〜1914）
1900	18ヶ国の社会民主主義党が本格的活動開始

1891	社会主義労働者党、エルフルト党大会を開き新綱領を採択。党名を社会民主党に改める
1895	ウラジーミルははじめて出国してスイスに行き、ロシア・マルクス主義の大御所、ゲオルギー・プレハーノフと面談。同年、非合法の新聞の発行を計画し逮捕される
1897	この年から3年間、シベリアに流刑
1898	組合活動で知り合った生涯の伴侶ナジェージダ・クループスカヤもシベリアに流刑、その母親も同行して3人の同居生活はじまる
1900	2・1　流刑の刑期を終えたウリヤーノフは、官憲の監視を避けるためスイスに出国。クループスカヤは刑期が1年残り残留。流刑地で書いた論文「ロシア社会民主主義の責務」にレーニンと署名。以後、正式にレーニンを名乗る
	12・21　プレハーノフとの二度目の会談で了解をえて、レーニンは社会民主党機関紙『イスクラ』を創刊、論文を掲載しロシア全土に発送
1901	～02　エスエル、社会革命党創設
1902	『何をなすべきか』出版
1903	7～8　社会民主党、第2回大会をロンドンで開催

1905	同党第3回大会をロンドンとジュネーヴで開催。プレハーノフの穏健なメンシェヴィキ（少数派）とレーニンの戦闘的なボルシェヴィキ（多数派）の対立が激化
1904	1・27　日露戦争はじまる（〜05・8・25）
1905	1・9　血の日曜日。皇帝の冬宮に向かう請願デモに官憲が発砲し大虐殺。ロシア全土革命の時代に。サンクトペテルブルグのソヴィエト結成。メンシェヴィキのトロツキーが副議長から議長へ。レーニンは11・8、遅ればせにロシアに帰国
1907	2年のロシア滞在を終わりレーニンはジュネーヴに戻る。そのまま1917年の2月革命まで10年間帰国せずに過ごす。第2インターのシュツットガルト大会でレーニンとローザ知り合う
1908	12月、レーニン夫妻パリに移住、夫妻の両家族も合流
1912	夏、4年間のパリ滞在を切り上げ、クラクフに移動し2年間滞在
1913	スターリンが訪問、活動資金集めの協力を申し出る
1914	6・28　サライェヴォ事件、オーストリア皇太子暗殺 8・1　ドイツがロシアに宣戦布告して第一次大戦へ。サンクトペテルブルグをペトログラードに改称 8・23　日本もドイツに開戦、膠州湾の植民地を占領へ。レーニンの愛人イネッサ・アルマンド発覚。クループスカヤ容認

1915	レーニン、クラクフを2年で切り上げチューリッヒに戻る この年、レーニンの母、16年クループスカヤの母が相次いで死去 6月、『資本主義の最高の段階としての帝国主義』出版
1917	2・23　女工のストライキに共感する生活苦の市民9万人のデモ発生。反乱部隊が監獄を襲って政治犯を解放 3・3　ニコライ2世退位、弟のミハイル大公も継承を断り帝政消滅。地方自治体組織ゼムストヴォのリヴォフ公を首班とする臨時政府成立。シンビルスクの同郷人ケレンスキーが法相として入閣。革命の急進展に驚いたレーニンは、敵国ドイツの封印列車で帰国 4・3　レーニンはペトログラード駅に到着 4・4　「4月テーゼ」を発表。社会民主主義者を排除し、ボルシェヴィキのソヴィエトを確立して世界革命を目指す過激な主張。孤立するもスターリンに救われる 5・4　メンシェヴィキのトロツキーが帰国。世界革命を目指すことでレーニンに同調 5・5　臨時政府を改造、第一次連立内閣が成立、リヴォフ公が首相を継続し、エスエル、メンシェヴィキで構成。ボルシェヴィキは外される

	7・3〜5　7月事件、ボルシェヴィキ弾圧。レーニンはフィンランドに逃れ国外から指揮をとる。トロツキー逮捕。 7・23　ボルシェヴィキ第6回党大会。レーニンの党指導部を選ぶ 7・24　第二次連立内閣成立、ケレンスキー首相に就任 8・27　右派の最高司令官コルニロフ、反乱を起こすも鎮圧される 10・25　第2回全ロシア・ソヴィエト大会、ボルシェヴィキが支配。ケレンスキー脱出、パリに逃れる 10・26　**レーニン、権力の掌握を宣言。ロシア社会主義革命成立**（ロシア暦は西洋暦より13日遅れ。西洋暦は11月8日が記念日） 11・25〜12・9　制憲議会選挙、ボルシェヴィキは第2党の少数 12・7　統制機関チェカー創設
1918	1・5　制憲議会招集、715人中ボルシェヴィキとエスエル左派はあわせて155人に過ぎなかった 1・19　レーニンの指示で制憲議会が閉鎖される 2・1　西洋暦採用、13日のずれ解消 3・3　ブレスト＝リトフスクでドイツとの講和条約締結。エスエル左派、世界革命の継続を主張して激しく反発、連立から離脱。自動的に一党独裁体制になる。1991のソ連邦崩壊までつづく

	7・6　エスエル左派、ドイツ大使を暗殺 7・7　レーニン、同派の女性に撃たれ負傷 7・10　ボルシェヴィキはロシア共産党に党名を変更。首都をモスクワに移す。クレムリン宮殿が本部に。 7・17　ニコライ二世一族全員、レーニンの指示で処刑される 9・4　強制収容所の設置が布告される。7つの収容所に5万人収容
1919	3・3〜6　第三インター設立総会は51人の諸国代表が参加して、レーニンが議長を務めて開かれた。準備不足で活動は停滞
1920	7・21〜8・7　第三インターやり直し総会、ペトログラードで開催 37ヶ国の67組織から217人が出席。プロレタリア独裁のもと21ヶ条の厳しい行動原則が決議された
1921	3・2〜17　クロンシュタットの反共産党反乱 4・8〜16　第10回党大会、NEP新経済政策開始 10・12　国営銀行創設
1922	トロツキーが指揮する赤軍の勝利、外国派遣軍はすべて引き上げる 2・6　チェカー、GPU（ゲーペーウー）に変わる 4・3　レーニン、スターリンを党書記長に任命 5・25〜26　レーニン、激しい脳の発作に襲われる

	6・6 レーニン、スターリンに反革命知識人のリスト作成を命じる 11・13 第三インター大会で生涯最後の演説 11・24〜12・2 10日間で5回の脳発作、行動を制限される 12・13 激しい発作。スターリンが推進する貿易自由化に反対するメモを口述 12・22〜23 新たな発作。4分の口述メモ。後に遺書とされる
1923	1・4 新たな口述メモ。「スターリンは粗暴。トロツキーは有能だが支配することにこだわり過ぎる」 3・5 スターリンに宛てた人間関係を断つと述べた手紙を口述 3・6 最悪の発作に襲われすべての活動停止。保養地に移され、以後、動静報告も行われなくなる
1924	1・21 **レーニン死去公表**。ソ連邦崩壊後公表された写真の53歳のレーニンは、車椅子に乗る痩せこけた老人の姿
1928	スターリンはトロツキー排斥の権力闘争に勝ち、マルクス・レーニン主義の旗のもと、国有工業を全面的に展開する第一次5ヶ年計画を発表。レーニンの世界革命から一国社会主義建設重視に切り替え
1929	トロツキー国外に亡命（1940・8・20メキシコで暗殺される）。ウォール街暴落で大恐慌発生

1953	3・5	スターリン死去
1989	11・9	ベルリンの壁崩壊
1991	12・7	ソヴィエト社会主義共和国連邦消滅

主要人物一覧

■レーニン一族
ウラジーミル・イリイッチ・ウリヤーノフ（8人の子の三番目）→レーニン
父　イリヤ・ニコラーエヴィチ・ウリヤーノフ
母　マリア・アレクサンドロヴナ（旧姓・ブランク、遠いユダヤ系）
姉　アンナ（レーニンより6歳年上）
兄　アレクサンドル（4歳年上、皇帝暗殺計画に加わり絞首刑に処せられる）
一歳下の妹　オルガ（20歳で早逝）
妹　マリア
妻　ナジェージダ・クループスカヤ
その母　エリザヴェータ・ヴァシーリエヴナ
愛人　イネッサ・アルマンド

■登場主要人物
プレハーノフ、ゲオルギー（1856・12・11〜1918・5・30）西欧的教養を身につけたロシア・マルクス主義の大御所。レーニンから修正主義者として批判される
トロツキー　本名レフ・ブロンシュタイン（1889〜1840・8・21）
スターリン　本名ヨシフ・ヴィサリオノヴィチ・ジュガシヴィリ（1879・12・21〜1953・3・5）
ジノヴィエフ、グレゴリー（1883・9・23

～1936・8・25）レーニンの葬儀で枢を担いだ側近8人の一人。スターリンにより処刑された

カーメネフ、レフ（1883・7・6～1936・8・25）同上、枢を担いだ8人の一人。スターリンにより処刑された

ブハーリン、ニコライ（1888・9・27～1938・3・15）党機関紙『イズヴェスチヤ』編集長、1936大粛清で党除名。銃殺刑

ジェルジンスキー、フェリックス（1877・9・11～1926・7・20）ポーランド貴族。ボルシェヴィキ中央委員。チェカー初代議長、GPU長官。枢を担いだ8人の一人、スターリン体制下で要職に就いた

モロトフ、ヴァチェスラフ（1890・3・9～1986・11・8）遅れて参入したスターリン路線の忠実な支持者。1939から1946までソ連邦外相

ケレンスキー、フョードル シンビルスクでレーニンが入学した中学校の校長

ケレンスキー、アレクサンドル・フョードルヴィチ（1881・5・4～1970・6・11）フョードルの息子。1917年、第二次連立内閣首相。レーニンの十月革命で失脚、パリに逃れる

シャガール、マルク（1887・7・7～1985・3・28）ベラルーシ生まれ、幻想的画風の世界的画家。レーニンの支持者だが、レーニン逆立ちの絵を描く。レーニンの支持者だが、ロシアを離れ、愛するパリで活躍

ルナチャルスキー、アナトリー（1875・11・23～1933・12・26）十月革命後、レーニン政権の教育人民委員。シャガールの支援者

ルクセンブルク、ローザ（1871・3・5～1919・1・15）ポーランド出身。ドイツ人としてスパルタクス団を結成、共産主義革命を目指すも獄中で虐殺される

カウツキー、カール（1854・10・16～1938・10・17）チェコ出身。ドイツ社会民主党の指導者。レーニンは修正主義者として激しく攻撃

ゴーリキー、マクシム（1868・3・28～1936・6・18）ニジニーノブゴロド生まれ。ロシアの文豪、レーニンのシンパで政治資金集めに協力

ガポン、ゲオルギー（1870・2・17～1906・4・10）ロシア正教僧侶。1905年1月9日、血の日曜日事件で20万のデモ隊を率いて皇帝に請願するため冬宮に向かう。守備隊の乱射で数百人が虐殺された

ベルンシュタイン、エドワルド（1850・1・6～1932・12・18）ドイツの社会主義者。カウツキーとともにエルフルト綱領の作成に参画。共産主義革命を必然とするマルクスを否定し、修正主義者と批判される

ヴィルヘルム二世、フリードリッヒ　ドイツ帝国最後の皇帝（在位1888～1918）ビスマルクを罷免し積極的世界政策を強行したが、英仏露と衝突、第一次世界大戦を引き起こし敗北。オランダに亡命し死去

ヒルファーディング、ルドルフ　ドイツ社会民主党のマルクス主義金融経済理論家。著書『金融資本論』は、レーニンの『帝国主義』の参考文献

ホブスン、ジョン・アトキンソン（1858・7・6～1940・4・1）イギリスの経済学者。『帝国主義論』を書く。レーニンの参考文献

サン＝シモン　フランスの社会思想家。レーニンは『帝国主義』最終の第10章の結びでサン

＝シモンの思想に言及した

ニコライ二世　ロマノフ王朝最後の皇帝（在位1894・11・1〜1917・3・15）（1868・5・6〜1918・7・16）1917年二月革命で退位したあと、皇妃と5人の子供とともにエカチェリンブルグの森に幽閉されていたが、レーニンは皇帝の血筋をすべて断ち切る必要があると主張。17年7月16日、皇帝一家7名と従者など全員を銃殺、皆殺しにした

ミハイル公　ニコライ二世の弟。1917年二月革命で帝位の継承を求められたが断り、ロシア帝政は消滅する

リヴォフ公　地方自治全国組織ゼムストヴォ議長。1917年3月3日、ロマノフ王朝消滅のさい、最初の臨時政府の首相に選ばれた

リード、ジョン　アメリカの社会主義ジャーナリスト。ロシア革命見聞記『世界をゆるがした十日間』は世界的ベストセラーとなる

プルードン、ピエール＝ジョセフ（1809・1・15〜1865・1・19）フランスの社会思想家。『貧困の哲学』で共産主義は権威主義と否定しマルクスの怒りをかう。アソシエイトする協業を主張し広く支持された

ブランキ、オーギュスト（1805・2・1〜1881・1・1）プロレタリア独裁を唱えた革命的無政府主義者。秘密組織でマルクスと接触

バブーフ、フランソワ＝ノエル（1760・11・23〜1797・5・27）大革命を直接体験した世代の無政府主義革命家

ジョレス、ジャン（1859・9・3〜1914・7・31）1901年仏社会党を結成。反戦を主張し、第一次大戦直前の1914年7月暗殺される

トレーズ、モーリス（1900・4・28〜

1964・7・11）第三インターのフランス支部として成立したフランス共産党で、1930年初代書記長に就任。1964年に死去するまで34年書記長を務めた。クレムリンに忠実な立場を貫き、戦後ドゴール政権で副首相に任命された

ブルム、レオン（1872・4・9〜1950・3・30）フランス社会党の大物指導者。1933年に成立したナチス政権に対抗し、人民戦線を結成。連合政府の首相。スペイン内戦の対応をめぐる対立で連合政府は崩壊した

ペタン、フィリップ（1856・4・24〜1951・7・23）フランス陸軍の将軍。第一次大戦では侵攻してきたドイツ軍をヴェルダンで迎え撃ち、撃退して元帥に昇進。第二次大戦ではパリを占領したドイツに事実上降伏し、ヴィシーに傀儡政権をつくる。戦後死刑を宣告されるが処刑は免れる

マルシェ、ジョルジュ（1920・6・7〜1997・11・16）1972年から1994年までフランス共産党書記長。プロレタリア独裁を放棄するユーロ・コミュニズムを提唱

ベルリンゲル、エンリコ（1922・5・25〜1984・6・11）プロレタリア独裁を放棄し、保守党と連立する歴史的妥協にすすむ

ミラノヴィッチ、ブランコ　世界銀行主任エコノミスト。ソ連、東欧の共産主義は崩壊し、資本主義に向かう。マルクス主義は破産し資本主義だけが生き残ると主張。ソ連、東欧はレーニン主義でありマルクス主義の失敗ではない

フクヤマ、フランシス（1952・10・27〜）日系三世のアメリカ新自由主義政治学者。『歴史の終わり』でソ連の崩壊をマルクス主義の

失敗と断定

宇沢弘文（1928・7・21〜2014・9・18）経済学者。大気、森林、水、土壌などの資源を、保護管理するシステム構築の必要性を提唱

ネグリ、アントニオとハート、マイケル　イタリアのマルクス主義者。2000年に共著『〈帝国〉』を書き、共有され管理されるべき富、〈コモン（共）〉の概念が、マルクス理解のポイントと主張

ピケティ、トマ　フランスの経済学者。2019年、第二の大作『資本とイデオロギー』を発表。参加型社会主義：経営会議に労使同数の代表を参加させ、資本による搾取と労働の商品化を廃止する「経営の共有化」を提唱

用語解説

ソヴィエト　「評議会」を意味する。農業地帯の伝統的な協議組織。都市部にも広がり、ペトログラード・ソヴィエトなどが成立したため、ボルシェヴィキはソヴィエトを支配することによって革命を成功させた。ソヴィエトはソ連邦の国名にも取り込まれた。

ゼムストヴォ　農村地帯の地方自治協議体。帝政崩壊後、最初の臨時政府首相に選ばれたのは、全ロシア・ゼムストヴォ同盟議長リヴォフ公だった。

ボルシェヴィキ　レーニンの革命党。多数派を意味する言葉であるが現実にはレーニン派はつねに少数派だった。一九一八年三月、ロシア共産党に改称。

メンシェヴィキ　少数派を意味する言葉であるが、二月革命の段階までは多数派だった。

憲法制定議会　リヴォフ公が提議し、全革命党派が待望した選挙。一九一七年十一月二十五日から実施され、各党の得票率は、第一党エスエル（社会革命党）四〇・四%、第二党ボルシェヴィキ二四・〇%、つづいてカデット（立憲民主党）四・七%、メンシェヴィキ二・七だった。ボルシェヴィキはエスエル左派を加えても過半数をとれない敗北だった。レーニンは成立した議会を解散させることを決意。二〇一八年一月五日招集された議会は、中断されたまま二度と開かれることはなかった。民主主義を理解しないレーニンの暴挙の実例として挙げられている。

ドゥーマ　十月革命以前のロシアの国会。一九〇五年の血の日曜日のあと、ニコライ二世はドゥーマの設置を布告。ストルイピンの改革などを経て、一九一二年に開催された第四ドゥーマは臨時政府の設立に貢献したが、十月革命で閉鎖された。

グーラク　十月革命直後から設けられた強制収容所システム。

チェカー　思想統制のため一九一七年十二月七日創設された国家保安部。「反革命、破壊活動、投機防止を規制する臨時委員会」の頭文字を並べた命名。一年で三万人の大組織になり、一九二二年、本格的な国家保安部GPU（ゲーペーウー）に発展した。

コミンテルン　第三インター。レーニンのプロレタリア独裁思想のもと、世界革命を波及させることを目指した国際共産主義組織。

軍事革命委員会　一九一七年十月、全国のソヴィエトでボルシェヴィキが穏健派を抑えて支配的になり、全国的に革命派ソヴィエトが結束する機関として成立した。レーニンは「権力奪取の条件は揃った」と発言した。

ソヴナルコム　一九一七年十月二十六日、全ロシア・ソヴィエト大会は革命綱領を決定した。エスエル左派が離脱したため、一党独裁の臨時政府が成立し、人民委員評議会ソヴナルコムと名付けられた。レーニン、トロツキー、スターリンなど一五人で構成された。

NEP新経済政策　十月革命後の農業社会主義化が迷走し、中小企業にも混乱が波及したため、レーニンは一九二一年七月、一時的に中小企業の民営化を容認する新経済政策を導入した。しかし大企業の国有化については、妥協することなく、六月二十八日、国有化令が発布された。

チェルヴォーネツ　一九二二年十月二十四日、ＮＥＰに対応する新通貨として発行されたが二四年には廃止され、一チェルヴォーネツは一〇ルーブルで元に戻された。

参考文献

レーニン評伝

Lenine, L'inventeur du totalitarisme, Stephane Courtoiis, PERRIN 2021

エレーヌ・カレール＝ダンコース『レーニンとは何だったか』藤原書店　二〇〇六

同『未完のロシア』藤原書店　二〇〇八

同『崩壊した帝国』新評論　一九八一（『崩壊したソ連帝国』藤原書店　一九九〇　旧版に大幅増補）

トロツキー『レーニン』光文社古典新訳文庫　二〇〇七

『レーニン・セレクション』平凡社ライブラリー　和田春樹編訳　二〇二四・一

白井聡『未完のレーニン』講談社選書メチエ　二〇〇七

斎藤幸平

『人新世の「資本論」』集英社新書　二〇二〇

『ゼロからの「資本論」』ＮＨＫ出版新書　二〇二三

斎藤幸平ほか『コモンの「自治」論』集英社　二〇二三

『マルクス解体』講談社　二〇二三

『１００分de名著　カール・マルクス『資本論』』ＮＨＫテキスト　二〇二一年一月放送

廣松 渉
『マルクスと歴史の現実』平凡社ライブラリー 一九九〇
『今こそマルクスを読み返す』講談社現代新書 一九九〇
『マルクスの根本意想は何であったか』情況出版 一九九四

フランス思想界
Jacques Attali, *Karl Marx, ou l'esprit du monde*, Fayard, 2005
同邦訳『世界精神マルクス』的場昭弘訳 藤原書店 二〇一四
ジャック・アタリ『世界の取扱説明書』プレジデント 二〇二三
フランソワ・フュレ『幻想の過去』楠瀬正浩訳 バジリコKK 二〇〇七
Thomas Piketty, *Le capital, au XXI*^{ème}, Seuil, 2014
Thomas Piketty, *Capital et Ideologie*, Seuil, 2019
トマ・ピケティ『新・資本論』日経BP 二〇一五
福井憲彦『フランス史』PHP 二〇一九
G・ルフェーヴル『1789――フランス革命序論』岩波文庫 一九九八
柴田三千雄『フランス革命』岩波現代文庫 二〇〇七
同『パリ・コミューン』中公新書 一九七三
『100語でわかるマルクス主義』文庫クセジュ 白水社 二〇一五

日本共産党関係
松竹伸幸『シン・日本共産党宣言』文春新書 二〇二三
志位和夫『新・綱領教室』上下 新日本出版 二〇二二

歴史・思想史
下斗米伸夫『ソビエト連邦史』講談社学術文庫 二

〇一七
池田嘉郎『ロシア革命』岩波新書　二〇一七
ジョン・リード『世界をゆるがした十日間』上下　岩波文庫　一九五七
トロツキー『永久革命論』現代思想社　一九六九
佐々木力『生きているトロツキー』東京大学出版会　一九九六
ドイッチャー『トロツキー伝』三部作　一九六三
木村汎『プーチン　人間的考察』藤原書店　二〇一五
同『プーチン　内政的考察』藤原書店　二〇一六
同『プーチン　外交的考察』藤原書店　二〇一八
ハンナ・アーレント『全体主義の起源』1、2、3　みすず書房　二〇一七
矢野久美子『ハンナ・アーレント』中公新書　二〇一四
佐藤優『ファシズムの正体』集英社インターナショナル　二〇一八
柄谷行人『世界史の構造』岩波現代文庫　二〇一五
柄谷行人『帝国の構造』岩波現代文庫　二〇二三
フランシス・フクヤマ『歴史の終わり』上中下　三笠書房　一九九二
ブランコ・ミラノヴィッチ『資本主義だけ残った』みすず書房　二〇二一
大澤真幸『資本主義の〈その先〉へ』筑摩書房　二〇二三
宇沢弘文『社会的共通資本』岩波新書　二〇〇〇

マルクス・エンゲルス・レーニンの使用したテキスト

マルクス・エンゲルス『共産党宣言』岩波文庫　一九五一
『DAS KOMMUNISTISCHE MANIFEST』ARUGUMENT Verlag 1999
同『ゴータ綱領批判　エルフルト綱領批判』新日本出版社　二〇〇〇
マルクス『資本論』岩波文庫　一九六九

同『資本論　第一巻』上下　筑摩書房　二〇〇五
同『哲学の貧困』的場昭弘訳　作品社　二〇二〇
エンゲルス『家族・私有財産・国家の起源』新日本出版社　一九九九
同『反デューリング論』上下　新日本出版社　二〇〇一
レーニン『国家と革命』岩波文庫　一九五七
同『国家と革命』講談社学術文庫　二〇一一
同『帝国主義』岩波文庫　一九五六
同『何を為すべきか』岩波文庫　一九五五
プルードン『貧困の哲学』上下　斉藤悦則訳　平凡社ライブラリー　二〇一四

著者紹介

伴野文夫（ばんの・ふみお）

1933年東京生まれ。元NHK国際・経済担当解説委員。1959年、東京大学文学部西洋史学科卒。同年、NHKに報道局放送記者として入社。1968～83年、ブリュッセル、パリ、ボン（西ドイツ）特派員を歴任。1987年より国際・経済担当解説委員。NHKスペシャル「日本の条件『マネー』」三部作のキャスター（1981年）。1995～2001年、杏林大学社会科学部教授。
著書に『ユーロは絶対に崩壊しない――米英マネー資本主義に立ち向かうEUの大陸資本主義』（幻冬舎ルネッサンス新書、2016）『エマニュエル・マクロン　フランスが生んだ革命児』（幻冬舎、2017）『2050年、未来秩序の選択――「アングロサクソンの時代」から「地球協同体」へ』（NHK出版、2021）他。

二人《ふたり》のウラジーミル――レーニンとプーチン

2024年6月30日　初版第1刷発行©

著　者　伴野文夫
発行者　藤原良雄
発行所　株式会社　藤原書店

〒162-0041　東京都新宿区早稲田鶴巻町523
電　話　03（5272）0301
FAX　03（5272）0450
振　替　00160-4-17013
info@fujiwara-shoten.co.jp

印刷・製本　中央精版印刷

落丁本・乱丁本はお取替えいたします
定価はカバーに表示してあります

Printed in Japan
ISBN978-4-86578-427-5

ソ連民族問題の「古典」！

崩壊したソ連帝国
（諸民族の反乱）

H・カレール＝ダンコース
高橋武智訳

一九七八年、「民族問題」でソ連は崩壊すると予言し、世界に一大センセーションを巻き起こした本書は、世界数十ヶ国で翻訳され、大ベストセラーとなった。「一九九〇年のソビエト帝国」「民族問題とペレストロイカ」「ソ連帝国の崩壊とその未来」の新稿を増補。

四六並製　六四八頁　**三四九五円**
（一九九〇年六月刊）
品切◇978-4-938661-03-8

L'EMPIRE ÉCLATÉ
Hélène CARRÈRE D'ENCAUSSE

ゴルバチョフ失脚、予言の書

民族の栄光 ㊤㊦
（ソビエト帝国の終焉）

H・カレール＝ダンコース
山辺雅彦訳

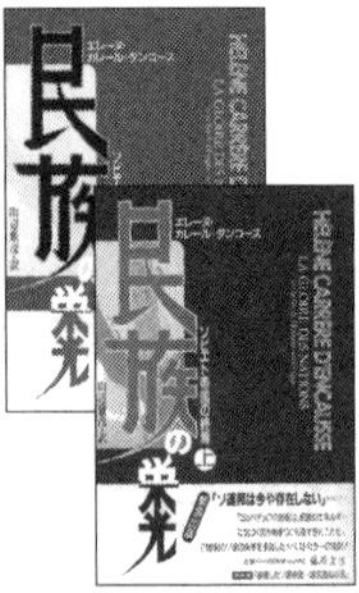

ゴルバチョフ政権の誕生から崩壊までの六年間に生起した問題の真相を究明し、「ゴルバチョフの権力は不在である」ことを一九九〇年四月段階で実証した、ゴルバチョフ失脚、予言の書。仏の大ベストセラー。　**［附］年表・資料**

四六上製　**各一七四八円**
㊤二二四頁（一九九一年四月刊）
㊦二四八頁（一九九一年五月刊）
品切㊤◇978-4-938661-25-0
品切㊦◇978-4-938661-29-8

LA GLOIRE DES NATIONS
Hélène CARRÈRE D'ENCAUSSE

現代ロシア理解の鍵

甦るニコライ二世
（中断されたロシア近代化への道）

H・カレール＝ダンコース
谷口侑訳

革命政権が中断させたニコライ二世の近代化事業を、いまプーチンのロシアが再開する！　ソ連崩壊を予言した第一人者が、革命政権崩壊により公開された新資料を駆使し、精緻な分析と大胆な分析からロシア史を塗り替える。

四六上製　五二八頁　**三八〇〇円**
（二〇〇一年五月刊）
◇978-4-89434-233-0

NICOLAS II
Hélène CARRÈRE D'ENCAUSSE

ヨーロッパとしてのロシアの完成

エカテリーナ二世 ㊤㊦
（十八世紀、近代ロシアの大成者）

H・カレール＝ダンコース
志賀亮一訳

「偉大な女帝」をめぐる誤解をはらす最新の成果。ロシア研究の世界的第一人者が、ヨーロッパの強国としてのロシアを打ち立て、その知的中心にしようとした啓蒙絶対君主エカテリーナ二世の全てを明かす野心作。

四六上製　㊤三七六頁／㊦三九二頁
各二八〇〇円（二〇〇四年七月刊）
㊤◇978-4-89434-402-0
㊦◇978-4-89434-403-7

CATHERINE II
Hélène CARRÈRE D'ENCAUSSE